U0940605

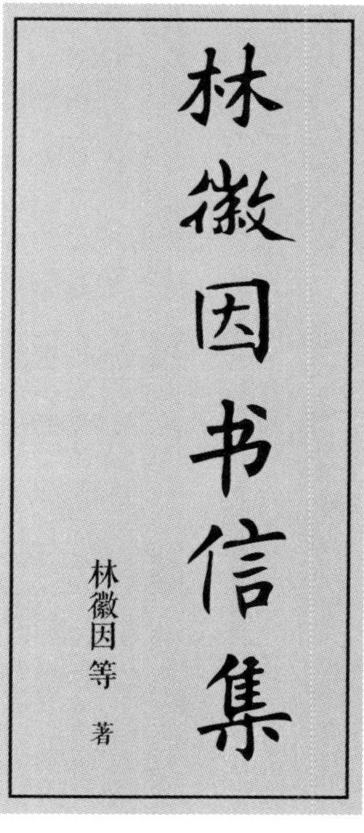

林徽因书信集

林徽因等 著

江西人民出版社
Jiangxi People's Publishing House
全国百佳出版社

图书在版编目（CIP）数据

林徽因书信集 / 林徽因等著 . — 南昌 : 江西人民出版社 , 2016.9

ISBN 978-7-210-08578-2

Ⅰ . ①林… Ⅱ . ①林… Ⅲ . ①林徽因（1904–1955）—书信集 Ⅳ . ① K826.16

中国版本图书馆 CIP 数据核字（2016）第 149748 号

林徽因书信集

林徽因等 / 著

责任编辑 / 胡滨 赵婷

出版发行 / 江西人民出版社

印刷 / 北京鹏润伟业印刷有限公司

版次 / 2016 年 9 月第 1 版

2016 年 9 月第 1 次印刷

开本 / 635 毫米 ×965 毫米 1/16 16 印张

字数 / 129 千字

书号 / ISBN 978-7-210-08578-2

定价 / 34.80 元

赣版权登字 -01-2016-377

目录

contents

目录

contents

目录

contents

目录

contents

目录 contents

目录

contents

目录 contents

目录 contents

目录 contents

目录

contents

目录

contents

contents

目录

◇一九三八年，林徽因与亲友在昆明西山杨家村一处农民院落中。后排左起：周培源、陈意、陈岱孙、金岳霖；前排左起：林徽因、梁再冰、梁从诫、梁思成、周如枚、王蒂澂、周如雁。

◇一九三六年四月，林徽因、梁思成与费慰梅在北平。

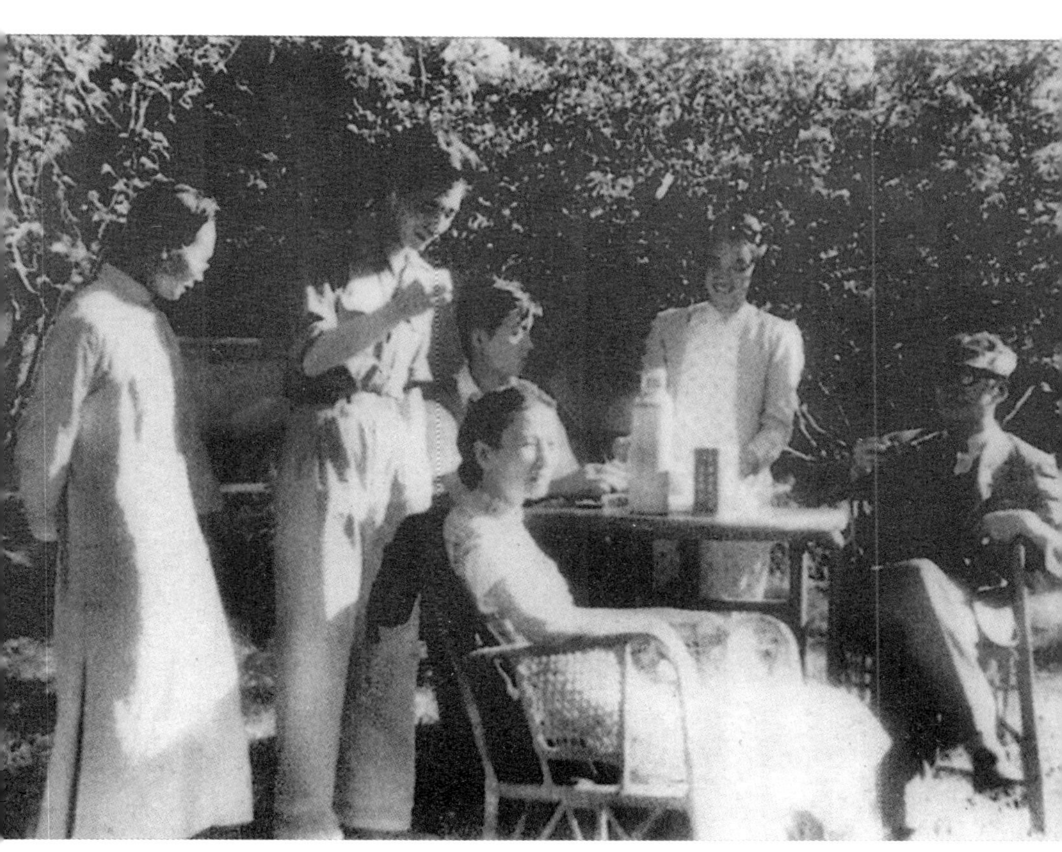

◇一九四五年抗战胜利后，林徽因与老友沈从文（左一）、金岳霖（右一）等在昆明。

◇一九三八年初，林徽因在昆明巡津街九号。

◇一九四五年抗战胜利后，林徽因与老友张奚若（后左一）、金岳霖（后左三）等在昆明。

◇一九三八年，林徽因与亲友在昆明西山华亭寺。左起：周培源、梁思成、陈岱孙、林徽因、梁再冰、金岳霖、吴有训、梁从诫。

◇一九三六年四月，林徽因与梁思成在北平。

◇一九三八年初，林徽因与汪同、梁从诫、金岳霖（左一）、王彪夫人（左二）、空军军官黄栋权（中）、何梅生（右一）及其他同学在昆明巡津街九号。

◇二十世纪五十年代初的林徽因与梁思成。

◇一九三五年，林徽因在北平北总布胡同三号家中。

適之先生；

也許你很詫異這封唐突的來信，但是千萬請你原諒。你到美的消息傳到一個精神充軍的耳朵裏，這不過是個很自然的影響。

我這兩年多的思想北京和最近慘酷的遭遇給我許多煩惱和苦痛，我想

◇一九二七年二月六日，林徽因致胡适书信手迹（中国社会科学院近代史研究所藏）。

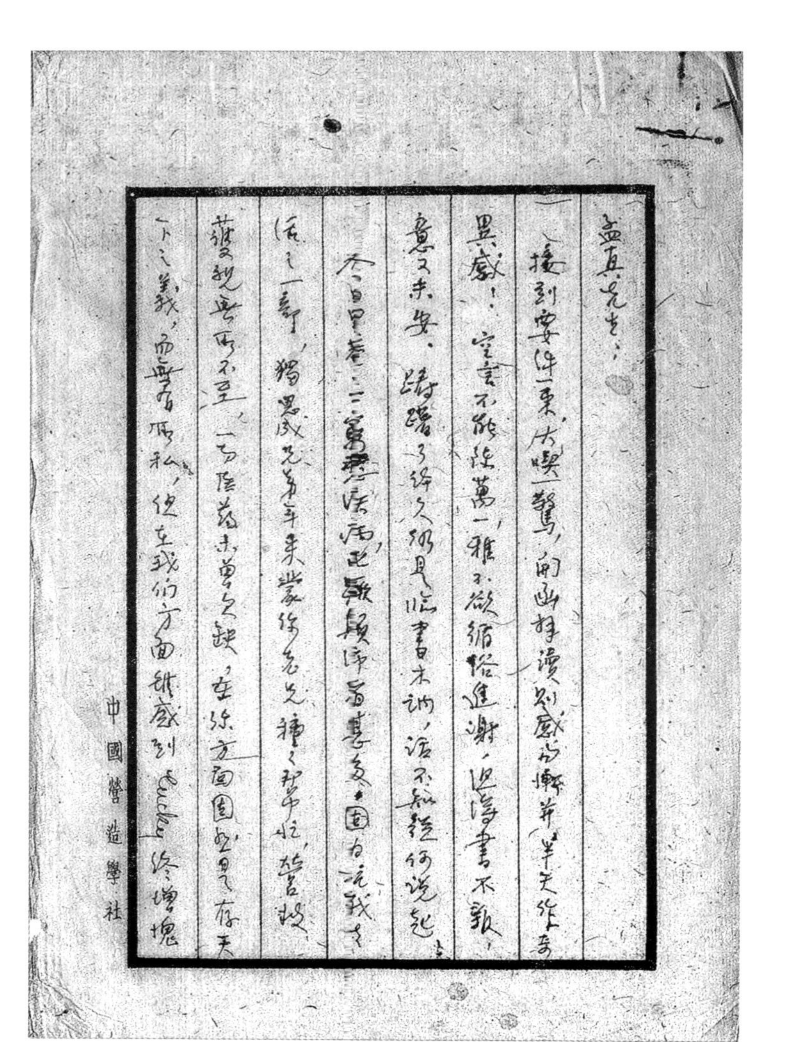
孟真先生：
接到要件一束，大吃一驚，開函拜讀，則感與慚并，半天作奇
異感！空言不能陳萬一，雅不欲循俗進謝，但得書不報，
意又未安，躊躇了許久仍是臨書木訥，話不知從何說起。
今日里巷之士窮愁疾病，屯蹶顛沛者甚多，固為抗戰生
活之一部，獨思成兄弟年來蒙你老兄種種幫忙，營救
護視無所不至，一方隆蔭未曾欠缺，在你方面固然是存天
下之義，而無有所私，但在我們方面雖感到lucky終增愧

中國營造學社

◇一九四二年，林徽因致傅斯年书信手迹。

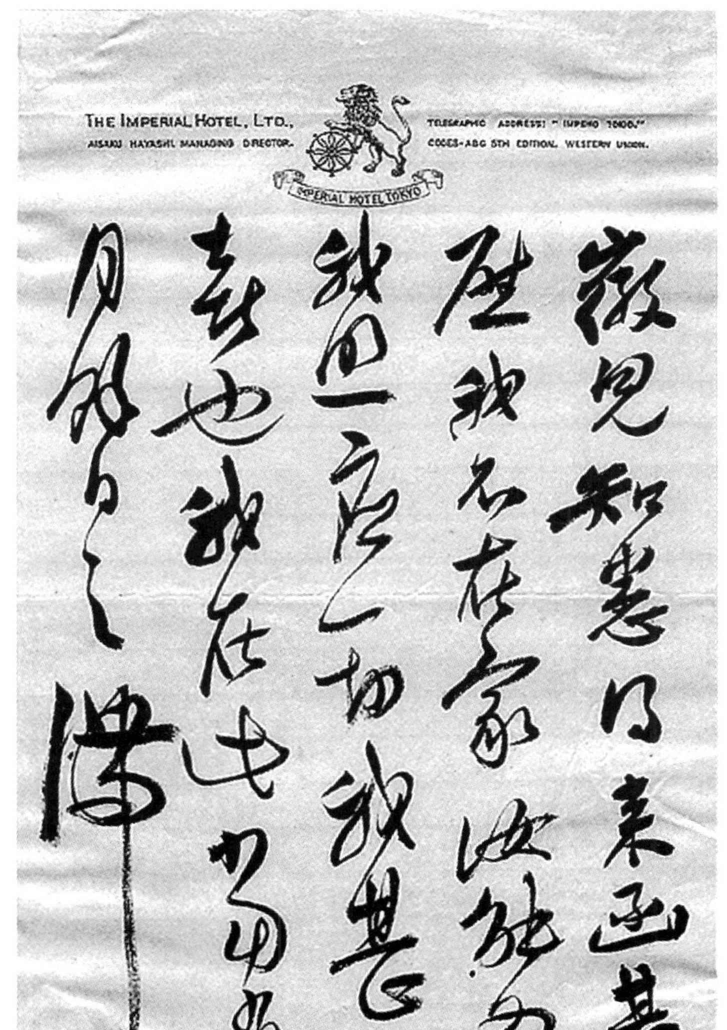

民国七年爹爹赴日家人仍寓南府口织女桥

徽自信能担任编字书目录及爹爹归取阅

以为不适用颇暗惭

◇一九一八年四月十六日，林长民致林徽因书信手迹。旁批出自林徽因。

◇一九三五年，林徽因在北平北总布胡同三号家中。

卅七年末北平圍城時住清華園寄城中張三姐

三小姐：收到你的信，並且得知我們這次請二哥出來的確也是你所贊同的，至为欣慰。這裏的氣氛与城裏完全兩樣，生活極為安定愉快。一群老朋友仍然照樣的打發日子，而且人人都是樂觀的，懷着希望的照樣工作。二哥到此，至少可以減少大部分精神上的壓迫。

他住在老金家裏。早起八時半就同老金一起过我家吃早飯，飯後聊天半小時，他們又回去，老金仍照常伏案。中午又來，飯後照例又聊半小時，各回去睡午覺。下午四時到到熟朋友家閑坐，吃吃茶，或是（乃至）有点心。六時又到我家，飯後聊到九時左右休散。這是我們這裏三年來的時程，二哥來此加入，極為順利。晚上我們為他預備了安眠藥，由老金臨睡時發給一粒。此外在睡前还強迫吃一杯牛奶，所以二哥的睡眠也漸漸的上了軌道了。

二哥第一天來時精神的確緊張，當晚顯然疲倦但心緒却愈來愈開朗。第二天人更顯愉快，但據說仍睡得不多，所以我又換了一種安眠藥，交老金二粒（每晚代發一粒給二哥）且立囑臨睡

◇一九四九年一月三十日，林徽因、梁思成致张兆和书信手迹。

◇一九三二年一月一日，林徽因致胡适书信手迹（中国社会科学院近代史研究所藏）。

Nov. 1940

Dearest Wilma & John — In September I wrote you a long long letter and half of it was typed out and mailed. Then later a short note introducing a certain Mr. Bien who wrote a short story and wanted your help. I am in a persistent mood to write to you these days but I am always busy in a sense you would not quite know from what you have known of our lives Peking and so always have to postpone the writing. It is terribly sad. There are such a lot of things worth telling here not about ourselves and about all sorts of friends who had all sorts of work & novel living conditions, now the war is more than three years old — you can hardly imagine what that means.

My heart is still so forced bound up with you in your American home that sometimes it is hard to bear our separation over such long period of time. The end of this terrific war seems still a bit far off even we apply as much of the wish-hope as we can on to any news we can gather from the papers. Japs are near exhaustion, but not near enough to please us. I am not a person to look back much, but even I am now very homesick, and we are going to Sze-chuan! Aned that be another 2 or 3 years' affair!! Time seems to drag so.

Bombings are getting very bad, but don't worry, we are alright. We have much more chance to be safe than to be hurt really. We just get numb or silent as the case turned out to be, bombers, machine gunning from pursuit planes are all like quick rains one can set one's teeth against compressed lips or let it pass over right over head or far away they are all the same, a sick sensation in

◇一九四〇年十一月，林徽因致费慰梅、费正清书信手迹。

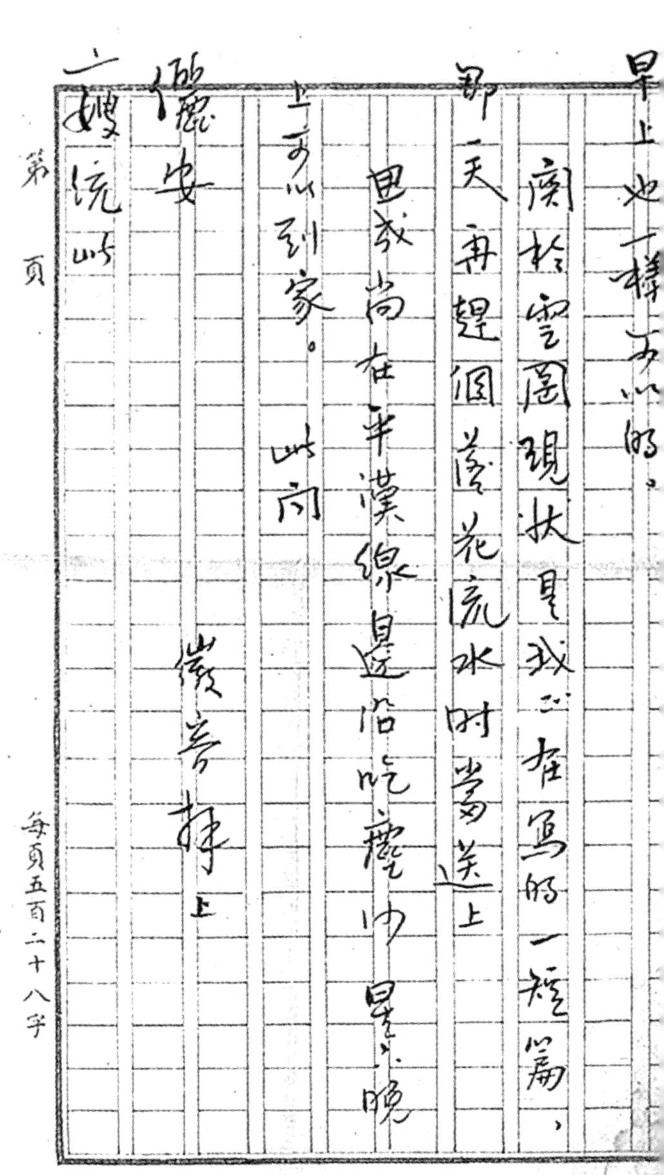
早上也一樣可以的。

關於雲岡現狀是我々在寫的一短篇，那一天再趕個落花流水時當送上，因我尚在平漢線邊沿吃塵沙，星期晚上可以到家。此問

儷安

徽音拜上

二嫂統此

第　頁

每頁五百二十八字

◇一九三三年十一月中旬，林徽因致沈从文书信手迹（中国现代文学馆藏）。

沈二哥

初二回来便拉亂成一堆，莫明其所以然。文章寫不好，發脾氣时還要逼去讀文！十一月的日子我最消化不了，聽聽風知道楓葉又凋零得不堪，只想哭。昨天哭也能行，勉強把它做詩，日後呈正。

蕭先生文章甚有味兒，我喜歡。能見到萬感到暢快。你說的是否禮拜五？如果

每頁二十二行　每行二十四字

◇一九三六年夏，林徽因致梁思庄书信手迹。

(both sides) 1

May 7th '36

Wilma, Wilma, Wilma (I have to address the envelope to John because it is more proper for Ballie)

I have been in the yelling mood ever since your last delightful letter, now that another one has come I must answer you right away. There has been a long time I didn't (or couldn't) write to you people because of a 'gap' caused by your sending letters not via Siberia and each took over fifty days to come (except one which came a little sooner but it must be one that was written later.) So everything got terribly upsetting. We loved the "type-written reports" of whereabouts & whatabouts, but emotionally they are a bit unsatisfactory.

You sound worried about my ways of life; running around helping people in general, lots of worry & no exercise etc. Well, sometimes nothing can be done, it is almost fatal I should slave & waste myself on trash always, till — I mean unless circumstance itself take mercy on me & change. So far the circumstance is none too good for Phyllis the individual, though very smooth for the same person in all the capacities as a family member. The weather is glorious everybody has room repapered re-furnished decorated to resume life in better shape let me give you a picture to show how it is.

◇一九三六年五月七日，林徽因致费慰梅书信手迹。

致胡适

< 一九二七年二月六日 >

适之先生：

也许你很诧异这封唐突的来信，但是千万请你原谅。你到美的消息传到一个精神充军的耳朵里，这不过是个很自然的影响。

我这两年多的渴想北京和最近惨酷的遭遇给我许多烦恼和苦痛。我想你一定能够原谅我对于你到美的踊跃。我愿意见着你，我愿意听到我所狂念的北京的声音和消息，你不以为太过吧？

纽约离此很近，我们有希望欢迎你到费城来么？哥伦比亚演讲一定很忙，不知周末可以走动不？

这二月底第三或第四周末有空否，因为那时彭校新创的教育会有个演讲托找中国 speaker[①]。胡先生若可以来费，可否答应当那晚的 speaker？本来这会想不要紧的，不该劳动大驾，只因因此我们可以聚会晤谈，所以函问。

若是月底太忙不能来费，请即示知，以便早早通知该会 Dr. G. H. Minnich 会长。过些时候我

① speaker：讲演人。

也许可以到纽约来拜访。

很不该这样唐突打扰，但是——原谅。

徽音上

二月六日 费城

致胡适

<一九二七年三月十五日>

适之先生：

我真不知道怎样谢谢你这次的 visit[①] 才好！星五那天我看你从早到晚不是说话便是演讲真是辛苦极了。第二天一清早我想着你又在赶路到华京去，着实替你感着疲劳。希望你在华京从容一点，稍稍休息过来。

那天听讲的人都高兴得了不得。那晚，饭后我自己只觉得有万千的感触。倒没有向你道谢。要是道谢的话，“谢谢”两字真是太轻了。不能达到我的感激。一个小小的教育会把你辛苦了足三天，真是！

你的来费给我好几层的安慰，老实说当我写信去请你来时实在有些怕自己唐突，就是那天见了你之后也还有点不自在。但是你那老朋友的诚意温语立刻把我 put at ease[②] 了。

你那天所谈的一切——宗教，人事，教育到政治——我全都忘不了的，尤其是“人事”；一切的事情我从前不明白，现在已经清楚了许多。就还有要说要问的，也就让他们去，不说不问了。

① visit：访问。

② put at ease：宽慰。

“让过去的算过去的”，这是志摩的一句现成话。

大概在你回国以前我不能到纽约来了，如果我再留美国一年的话，大约还有一年半我们才能再见了。适之先生，我祝你一切如意快乐和健康。回去时看见朋友们替我候候，请你告诉志摩，我这三年来寂寞受够了，失望也遇多了，现在倒能在寂寞和失望中得着自慰和满足。告诉他我绝对的不怪他，只有盼他原谅我从前的种种的不了解。但是路远隔膜，误会是所不免的，他也该原谅我。我昨天把他的旧信一一翻阅了，旧的志摩我现在真真透彻的明白了，但是过去的算过去，现在不必重提了，我只永远记念着。

如你所说的，经验是可宝贵的。但是有价值的经验全是苦痛换来的，我在这三年中真是得了不少的阅历，但就也够苦了。经过了好些的变动，以环境和心理我是如你所说的老成了好些，换句话说便是会悟了。从青年的 idealistic phase[①] 走到了成年的 realistic phase[②]。做人便这样做罢。idealistic 的梦停止了，也就可以医好了许多 vanity[③]。这未始不是个好处。

照事实上看来我没有什么不满足的。现在一时国内要不能开始我的工作，我便留在国外继续

① idealistic phase：理想主义阶段。
② realistic phase：现实主义阶段。
③ vanity：虚荣。

用一年功再说。有便请你再告诉志摩，他怕美国把我宠坏了，事实上倒不尽然，我在北京那一年的 spoilt[①] 生活，用了三年的工夫才一点一点改过来。要说“spoilt”，世界上没有比中国更容易 spoilt 人了，他自己也就该留心点。

通伯和夫人[②] 为我道念，叔华女士若是有暇可否送我几张房子的相片，自房子修改以后我还没有看见过，我和那房子的感情实是深长。旅居的梦魂常常绕着琼塔雪池。她母亲的院子里就有我无数的记忆，现在虽然已不堪回首，但是房主人们都是旧交，我极愿意有几张影片留作纪念。

感情和理性可以说是反对的。现在夜深，我不由得不又让情感激动，便就无理的写了这么长一封信，费你时间扰你精神。适之先生，我又得 apologize[③] 了。回国以后如有机会极闲暇的时候给我个把字吧，我眼看着还要充军一年半，不由得不害怕呀。

胡太太为我问好，希望将来到北京时可以见着。就此祝你

旅安

徽音寄自费城

三月十五日

① spoilt：惯坏了的。

② 通伯和夫人：陈源（西滢）和凌叔华。

③ apologize：道歉。

致胡适

<一九三一年十一月三日>

适之先生：

新月总店经济状况甚为窘迫，今晚要开董事会，由此也许会有新的变动。代定《独立评论》的款项，已去信北平分店先筹付百元。

《新月》第三卷合订本二份和《四十自述》第六章原稿都已先后挂号寄上。

敬祝安好！

徽音敬上

十一月三日

致胡适

< 一九三一年十一月 >

适之先生：

志摩去时嘱购此绣货赠 Bell 夫妇，托先生带往燕京大学，现奉上。渠眷念 K. M.[①] 之情直转到她姊姊身上，直可以表示多情厚道的东方色彩，一笑。

大驾刚北返，尚未得晤面，怅怅。迟日愚夫妇当同来领教。

徽音

① K. M.：英国作家曼斯费尔德。

致胡适

＜一九三二年一月一日＞

适之先生：

志摩刚刚离开我们，遗集事尚觉毫无头绪，为他的文件就有了些纠纷，真是不幸到万分，令人想着难过之极。

我觉得甚对不起您为我受了许多麻烦，又累了许多朋友也受了些许牵扰，更是不应该。

事情已经如此，现在只得听之，不过我求您相信我不是个多疑的人，这一桩事的蹊跷曲折，全在叔华一开头便不痛快——便说瞎话——所致。

我这方面的事情很简单：

（一）大半年前志摩和我谈到我们英国一段事，说到他的《康桥日记》仍存在，回硖石时可找出给我看。如果我肯要，他要给我，因为他知道我留有他当时的旧信，他觉得可收藏在一起。

注：整三年前，他北来时，他向我诉说他订婚结婚经过，讲到小曼看到他的“雪池时代日记”不高兴极了，把它烧了的话，当时也说过：不过我尚存下我的《康桥日记》。

（二）志摩死后，我对您说了这段话——还当着好几个人说的——在欢美同学会，奚若思成从渭南回来那天。

（三）十一月廿八日星期六晨，由您处拿到一堆日记簿（有满的一本，有几行的数本，皆中文，有小曼的两本，一大一小，后交叔华由您负责取回的），有两本英文日记，即所谓 Cambridge[①] 日记者一本，乃从 July 31 1921[②] 起。次本从 Dec. 2nd[③]（同年）起始，至回国止者，又有一小本英文为志摩一九二五在意大利写的。此外几包晨副[④] 原稿，两包晨副零张杂纸，空本子小相片，两把扇面，零零星星纸片，住址本。

注：那天在您处仅留一小时，理诗刊稿子，无暇细看箱内零本，所以一起将箱带回细看，此箱内物是您放入的，我丝毫未动，我更知道此箱装的不是志摩平日原来的那些东西，而是在您将所有信件分人分类捡出后，单单将以上那些本子纸包子聚成这一箱的。

（四）由您处取出日记箱后约三四日或四五日听到奚若说：公超[⑤] 在叔华处看到志摩的《康桥日记》，叔华预备约公超共同为志摩作传的。

注：据公超后来告我，叔华是在十一月廿六

① Cambridge：康桥，通译剑桥。
② July 31 1921：一九二一年七月三十一日。
③ Dec. 2nd：十二月二日。

④ 晨副：当时的《北平晨报》副刊。

⑤ 公超：叶公超。

日开会（讨论，悼志摩）的那一晚上约他去看日记的。

（五）追悼志摩的第二天（十二月七号）叔华来到我家向我要点志摩给我的信，由她编辑，成一种《志摩信札》之类的东西。我告诉她旧信全在天津，百分之九十为英文，怕一时拿不出来，拿出来也不能印。我告诉她我拿到有好几本日记，并请她看一遍大概是些什么，并告诉她，当时您有要交给大雨[①] 的意思，我有点儿不赞成。您竟然将全堆"日记类的东西"都交我，我又 embarrassed[②] 却又不敢负您的那种 trust[③] ——您要我看一遍编个目录——所以我看东西绝对的 impersonal[④] 带上历史考据眼光。Interesting only in[⑤] 事实的辗进变化，忘却谁是谁。

最后我向她要公超所看到的志摩日记——我自然作为她不会说"没有"的可能说法，公超既已看到。我说：听说你有志摩的《康桥日记》在你处，可否让我看看等等。她停了一停说可以。

我问她："你处有几本？两本么？"

她说"两——本"，声音拖慢，说后极不高兴。

我问："两本是一对么？"未待答，"是否与这两本（指我处《康桥日记》两本）相同的封皮？"

① 大雨：孙大雨。

② embarrassed：不好意思的。

③ trust：信任。

④ impersonal：非个人化的。

⑤ Interesting only in：只有兴趣于。

她含糊应了些话，似乎说“是！不是，说不清”等，“似乎一本是——”，现在我是绝对记不清这个答案（这句话待考）。因为当时问此话时，她的神色极不高兴，我大窘。

（六）我说要去她家取，她说她下午不在，我想同她回去，却未敢开口。

后约定星三（十二月九号）遣人到她处去取。

（七）星三九号晨十一时半，我自己去取，叔华不在家，留一信备给我的，信差带复我的。

此函您已看过，她说（原文）：“昨归遍找志摩日记不得，后捡自己当年日记，乃知志摩交我乃三本：两小，一大，小者即在君处箱内，阅完放入的。大的一本（满写的）未阅完，想来在字画箱内（因友人物多，加意保全），因三四年中四方奔走，家中书物皆堆叠成山，甚少机缘重为整理，日间得闲当细捡一下，必可找出来阅。此两日内，人事烦扰，大约须此星期底才有空翻寻也。”

注：这一篇信内有几处瞎说不必再论，即是“阅完放入”，“未阅完”两句亦有语病，既说志摩交她三本日记，何来“阅完放入”君处箱内。可见非志摩交出，乃从箱内取出阅，而“阅完放

入”，而有一本（？）未阅完而未放入。

此箱偏偏又是当日志摩曾寄存她处的一个箱子，曾被她私开过的。（此句话志摩曾亲语我。他自叔华老太太处取回箱时，亦大喊“我锁的，如何开了，这是我最要紧的文件箱，如何无锁，怪事——”又“太奇怪，许多东西不见了，missing[①]”，旁有思成，Lilian Tailor 及我三人。）

（八）我留字，请她务必找出借我一读。说那是个不幸事的留痕，我欲一读，想她可以原谅我。

（九）我觉得事情有些周折，气得通宵没有睡着，可是，我猜她推到“星期底”必是要抄留一份底子，故或需要时间（她许怕我以后不还她那日记）。我未想到她不给我。更想不到以后收到半册，而这半册日记正巧断在刚要遇到我的前一两日。

（十）十二月十四日（星一）

Half a book with 128 pages received (dated from Nov. 17, 1920 ended with sentence “it was badly planned”.)[②]叔华送到我家来，我不在家，她留了一个 note[③] 说“怕我急，赶早送来”的话。

（十一）事后知道里边有故事，却也未胡

① missing：不见了。

② Half a book with 128 pages received (dated from Nov. 17, 1920 ended with sentence “it was badly planned”.)：收到半本共一百二十八页，始自一九二〇年十一月十七日，以“计划得很糟”一句告终。

③ note：便条。

猜，后奚若来说叔华跑到性仁家说她处有志摩日记（未说清几本）徽音要，她不想给（不愿意给）的话，又说小曼日记两本她拿去也不想还等等，大家都替我生气，觉得叔华这样，实在有些古怪。

（十二）我到底全盘说给公超听了（也说给您听了）。公超看了日记说，这本正是他那天（离十一月廿八日最近的那星期）看到了的，不过当时未注意底下是如何，是否只是半册未注意到，她告诉他是两本，而他看到的只是一本，但他告诉您（适之）“refuse to be quoted①”，底下事不必再讲了。

二十一年元旦

① refuse to be quoted：拒绝被引用。

致胡适

<一九三二年一月一日>

适之先生：

下午写了一信，今附上寄呈，想历史家必不以我这种信为怪，我为人直爽性急，最恨人家小气曲折说瞎话。此次因为叔华瞎说，简直气糊涂了。

我要不是因为知道公超看到志摩日记，就不知道叔华处会有的。谁料过了多日，向她要借看时，她倒说“遍找不得”“在书画箱内多年未检”的话。真叫人不寒而栗！我从前不认得她，对她无感情，无理由的，没有看得起她过。后来因她嫁通伯，又有《送车》等作品，觉得也许我狗眼看低了人，始大大谦让真诚的招呼她，万料不到她是这样一个人！真令人寒心。

志摩常说：“叔华这人小气极了。”我总说：“是么？小心点吧，别得罪了她。”

女人小气虽常有事，像她这种有相当学问知名的人也该学点大方才好。

现在无论日记是谁裁去的，当中一段缺了是事实，她没有坦白的说明以前，对那几句瞎话没有相当解释以前，她永有嫌疑的。（志摩自己不会撕的，小曼尚在可问。）

关于我想着那段日记，想也是女人小气处或好奇处多事处，不过这心理太 human[①] 了，我也不觉得惭愧。

实说，我也不会以诗人的美谀为荣，也不会以被人恋爱为辱。我永是“我”，被诗人恭维了也不会增美增能，有过一段不幸的曲折的旧历史也没有什么可羞惭。（我只是要读读那日记，给我是种满足，好奇心满足，回味这古怪的世事，纪念老朋友而已。）

我觉得这桩事人事方面看来真不幸，精神方面看来这桩事或为造成志摩为诗人的原因，而也给我不少人格上知识上磨练修养的帮助，志摩 in a way[②] 不悔他有这一段苦痛历史，我觉得我的一生至少没有太堕入凡俗的满足，也不算一桩坏事。志摩警醒了我，他变成一种 stimulant[③] 在我生命中，或恨，或怒，或 happy 或 sorry[④]，或难过，或苦痛，我也不悔的，我也不 proud[⑤] 我自己的倔强，我也不惭愧。

我的教育是旧的，我变不出什么新的人来，我只要“对得起”人——爹娘、丈夫（一个爱我的人，待我极好的人）、儿子、家族等等，后来

① human：人情的。

② in a way：从某方面。

③ stimulant：激励。

④ 或 happy 或 sorry：或幸运的或遗憾的。

⑤ proud：得意、骄傲。

更要对得起另一个爱我的人，我自己有时的心，我的性情便弄得十分为难。前几年不管对得起他不，倒容易——现在结果，也许我谁都没有对得起，您看多冤！

我自己也到了相当年纪，也没有什么成就，眼看得机会愈少——我是个兴奋 type accomplish things by sudden inspiration and master stroke[①]，不是能用功慢慢修炼的人。现在身体也不好，家常的负担也繁重，真是怕从此平庸处世，做妻生仔的过一世！我禁不住伤心起来。想到志摩今夏的 inspiring friendship and love[②]，对于我，我难过极了。

这几天思念他得很，但是他如果活着，恐怕我待他仍不能改的。事实上太不可能。也许那就是我不够爱他的缘故，也就是我爱我现在的家在一切之上的确证。志摩也承认过这话。

徽音 二十年[③] 正月一日

① type accomplish things by sudden inspiration and master stroke：（兴奋）型，靠突然的灵感和神来之笔做事。

② inspiring friendship and love：富于启迪性的友谊和爱。

③ 二十年：民国二十年。此系林徽因笔误，当为“二十一年”。

致胡适

< 一九三二年春 >

适之先生：

多天未通音讯，本想过来找您谈谈，把一些零碎待接头的事情一了。始终办不到。日前，人觉得甚病，不大动得了，后来赶了几日夜，两三处工程图案，愈弄得人困马乏。

上星期起到现在一连走了几天协和检查身体，消息大不可人，医生和思成又都皱开眉头！看来我的病倒进展了些，医生还在商量根本收拾我的办法。

身体情形如此，心绪更不见佳，事情应着手的也复不少，甚想在最近期间能够一晤谈，将志摩几本日记事总括筹个办法。

此次，您从硖[①] 带来一部分日记尚未得见，能否早日让我一读，与其他部分作个整个的 survey[②] ？

据我意见看来，此几本日记英文原文并不算好，年青得厉害，将来与他"整传"大有补助处固甚多，单印出来在英文文学上价值并不太多(至少在我看到那两本中文字比他后来的作品书札差

① 硖：硖石。

② survey：考察。

得很远），并且关系人个个都活着，也极不便，一时只是收储保存问题。

志摩作品中诗已差不多全印出，散文和信札大概是目前最要紧问题，不知近来有人办理此事否？“传”不“传”的，我相信志摩的可爱的人格永远会在人们记忆里发亮的，暂时也没有赶紧必要。至多慢慢搜集材料为将来的方便而已。

日前，Mr. E. S. Bernett来访，说Mrs. Richard有信说康桥志摩的旧友们甚想要他的那两篇关于康桥的文章，译成英文寄给他们，以备寄给两个杂志刊登。The Richards希望就近托我翻译。我翻阅那两篇东西不禁出了许多惭愧的汗。你知道那两篇东西是他散文中极好的两篇。我又有什么好英文来翻译它们。一方面我又因为也是爱康河的一个人，对康桥英国晚春景子有特殊感情的一个人，又似乎很想“努力”“尝试”（都是先生的好话），并且康桥那方面几个老朋友我也认识几个，他那文章里所引的事，我也好像全彻底明白……

但是，如果先生知道有人能够十分的do his work justice in rendering into really charming English[①]，最好仍请一个人快快的将那东西译出寄给Richards为妥。

① do his work justice in rendering into really charming English：善待他的作品，能够将它们变成真正雅致的英文。

身体一差伤感色彩便又深重。这几天心里万分的难过。怎办?

从文走了没有，还有没有机会再见到。

湘玫又北来，还未见着。南京似乎日日有危险的可能，真糟。思忠[①] 在八十八师已开在南京下关前线，国“难”更“难”得迫切，这日子又怎么过!

先生这两天想也忙，过两天可否见到，请给个电话。

胡太太伤风想已好清。我如果不是因为闹协和这一场，本来还要来进“研究院”的。现在只待静候协和意旨，不进医院也得上山了。

此问

著安

徽音拜上

思成寄语问候，他更忙得不亦乐乎。

① 思忠：梁思忠，梁思成的弟弟。

致胡适

< 一九三二年六月十四日 >

适之先生：

上次我上山以前，你到我们家里来，不凑巧我正出去，错过了，没有晤着，真可惜。你大忙中跑来我们家，使我疑心到你是有什么特别事情的，可是猜了半天都猜不出，如果真的有事，那就请你给我个信罢。

那一天我答应了胡太太代找房子，似乎对于香山房子还有一点把握，这两天打听的结果，多半是失望，请转达。但是这不是说香山绝对没有可住的地方，租的是说没有了，可借的却似乎还有很多。双清别墅听说已让守和夫妇暂借了，虽然是短期。

我的姑丈卓君庸的“自青榭”倒也不错，并且他是极欢迎人家借住的，如果愿意，很可以去接洽一下。去年刘子楷太太借住几星期，客人主人都高兴一场的。自青榭在玉泉山对门，虽是平地，却也别饶风趣，有池；有柳；有荷花鲜藕；有小山坡；有田陌；即是游卧佛寺，碧云寺，香山，骑驴洋车皆极方便。

谢谢送来独立周刊[①]。听到这刊出世已久，却尚未得一见，前日那一期还是初次见面。读杨今甫那篇东西颇多感触，志摩已别半载，对他的文集文稿一类的整理尚未有任何头绪，对他文字严格批评的文章也没有人认真做过一篇。国难期中大家没有心绪，沪战烈时更谈不到文章自是大原因，现在过时这么久，集中问题不容易了，奈何！

我今年入山已月余，触景伤怀，对于死友的悲念，几乎成个固定的咽梗牢结在喉间，生活则仍然照旧辗进，这不自然的缄默像个无形的十字架，我奇怪我不曾一次颠仆在那重量底下。

有时也还想说几句话，但是那些说话似乎为了它们命定的原因，绝不会诞生在语言上，虽然它们的幻灭是为了忠诚，不是为了虚伪，但是一样的我感到伤心，不可忍的苦闷。整日在悲思悲感中挣扎，是太没意思的颓废。先生你有什么通达的哲理赐给我没有？

新月的新组织听说已经正式完成，月刊在那里印，下期预备那一天付印，可否示知一二。“独立”容否小文字？有篇书评只怕太长些。（关于萧翁与爱莲戴莱通讯和戈登克雷写的他母亲的小

① 独立周刊：《独立评论》，一九三二年五月创刊。

传作对照的评论，我认为那两本东西是剧界极重要的 document[1]，不能作浪漫通讯看待。）

思成又跑路去，这次又是一个宋初木建——在宝坻县——比蓟州独乐寺或能更早。这种工作在国内甚少人注意关心，我们单等他的测绘详图和报告印出来时吓日本鬼子一下痛快：省得他们目中无人以为中国好欺侮。

天气好得很，有空千万上山玩一次，包管你欢喜不觉得白跑。

徽音

香山　六月十四日

① document：文件。

致沈从文

＜一九三三年十一月中旬＞

沈二哥：

初二回来便忙乱成一堆，莫明其所以然。文章写不好，发脾气时还要讴出韵文！十一月的日子我最消化不了，听听风知道枫叶又凋零得不堪，只想哭。昨天哭出的几行勉强叫它做诗，日后呈正。

萧先生文章[1] 甚有味儿。我喜欢，能见到当感到畅快。你说的是否礼拜五？如果是，下午五时在家里候教，如嫌晚，星六早上也一样可以的。

关于云冈现状是我正在写的一短篇，那一天再赶个落花流水时当送上。思成尚在平汉线边沿吃尘沙，星六晚上可以到家。

此问

俪安

二嫂统此

徽音拜上

① 萧先生文章指萧乾的短篇小说《蚕》。

致沈从文

<一九三四年二月二十七日>

二哥：

世间事有你想不到的那么古怪，你的信来的时候正遇到我双手托着头在自恨自伤的一片苦楚的情绪中熬着。在廿四个钟头中，我前前后后，理智的，客观的，把许多纠纷痛苦和挣扎或希望或颓废的纲目通通看过好几遍，一方面展开事实观察，一方面分析自己的性格情绪历史，别人的性格情绪历史，两人或两人以上互相的生活，情绪和历史，我只感到一种悲哀，失望，对自己对生活全都失望无兴趣。我觉到像我这样的人应该死去；减少自己及别人的痛苦！这或是暂时的一种情绪，一会儿希望会好。

在这样的消极悲伤的情景下，接到你的信，理智上，我虽然同情你所告诉我你的苦痛（情绪的紧张），在情感上我却很羡慕你那么积极那么热烈，那么丰富的情绪，至少此刻同我的比，我的显然萧条颓废消极无用。你的是在情感的尖锐上奔迸！

可是此刻我们有个共同的烦恼，那便是可惜时间和精力，因为情绪的盘旋而耗废去。

你希望抓住理性的自己，或许找个聪明的人帮忙你整理一下你的苦恼或是“横溢的情感”，设法把它安排妥帖一点，你竟找到我来，我懂得的，我也常常被同种的纠纷弄得左不是右不是，生活掀在波澜里，盲目的同危险周旋，累得我既为旁人焦灼，又为自己操心，又同情于自己又很不愿意宽恕放任自己。

不过我同你有大不同处：凡是在横溢奔放的情感中时，我便觉到抓住一种生活的意义，即使这横溢奔放的情感所发生的行为上纠纷是快乐与苦辣对渗的性质，我也不难过不在乎。我认定了生活本身原质是矛盾的，我只要生活；体验到极端的愉快，灵质的，透明的，美丽的近于神话理想的快活，以下我情愿也随着赔偿这天赐的幸福，坑在悲痛，纠纷失望，无望，寂寞中捱过若干时候，好像等自己的血来在创伤上结痂一样！一切我都在无声中忍受，默默的等天来布置我，没有一句话说！（我且说说来给你做个参考。）

我所谓极端的，浪漫的或实际的都无关系，反正我的主义是要生活，没有情感的生活简直是死！生活必须体验丰富的情感，把自己变成丰富，宽大能优容，能了解，能同情种种“人性”，能懂得自己，不苛责自己，也不苛责旁人，不难自己以所不能，也不难别人所不能，更不怨运命或是上帝，看清了世界本是各种人性混合做成的纠纷，人性又就是那么一回事，脱不掉生理，心理，环境习惯先天特质的凑合！把道德放大了讲，别裁判或裁削自己。任性到损害旁人时如果你不忍，你就根本办不到任性的事。（如果你办得到，那你那种残忍，便是你自己性格里的一点特性，也用不着过分的去纠正。）想做的事太多，并且互相冲突时，拣最想做——想做到顾不得旁的牺牲——的事做，未做时心中发生纠纷是免不了的，做后最用不着后悔，因为你既会去做，那桩事便一定是不可免的，别尽着罪过自己。

我方才所说到极端的愉快，灵质的、透明的、美丽的快乐，不知道你有否同一样感觉。我的确有过，我不忘却我的幸福。我认为最愉快的事都是一闪亮的，在一段较短的时间内迸出神奇的——如同两个人透彻的了解：一句话打到你心里，使得你理智和感情全觉到一万万分满足；如同相爱：在一个时候里，你同你自身以外另一个人互相以彼此存在为极端的幸福；如同恋爱，在那时那刻眼所见，耳所听，心所触无所不是美丽，情感如诗歌自然的流动，如花香那样不知其所以。这些种种便都是一生中不可多得的瑰宝。世界上没有多少人有那机会，且没有多少人有那种天赋的敏感和柔情来尝味那经验，所以就有那种机会也无用。如果有如诗剧神话般的实景，当时当事者本身却没有领会诗的情感又如何行？即使有了，只是浅俗的赏月折花的限量，那又有什么话说？！转过来说，对悲哀的敏感容量也是生活中可贵处。当时当事，你也许得流出血泪，过去后那些在你经验中也是不可鄙视的创痂。（此刻说说话，我倒暂时忘记了我昨天到今晚已整整哭了廿四小时，中间仅仅睡着三四个钟头，方才在过分的失望中颓废着觉到浪费去时间精力，很使自己感叹。）在夫妇中间为着相爱纠纷自然痛苦，不过那种痛苦也是夹着极端丰富的幸福在内的。冷漠不关心的夫妇结合才是真正的悲剧！

如果在“横溢情感”和“僵死麻木的无情感”中叫我来拣一个，我毫无问题要拣上面的一个，不管是为我自己或是为别人。人活着的意义基本的是在能体验情感。能体验情感还得有智慧有思想来分别了解那情感——自己的或别人的！如果再能表现你自己所体验所了解的种种在文字上——不管那算是宗教或哲学，诗，或是小说，或是社会学论文——（谁管那些）——使得别人也更得点人生意义，那或许就是所有的意义了——不管人文明到什么程度，天文地理科学的通到哪里去，这点人性还是一样的主要，一样的是人生的关键。

在一些微笑或皱眉印象上称较分量，在无边际人事上驰骋细想正是一种生活。

算了吧！二哥，别太虐待自己，有空来我这里，咱们再费点时间讨论讨论它，你还可以告诉我一点实在情形。我在廿四小时中只在想自己如何消极到如此田地苦到如此如此，而使我苦得想去死的那个人自己在去上海火车中也苦得要命，已经给我来了两封电报一封信，这不是“人性”的悲剧么？那个人便是说他最不喜管人性的梁二哥！

徽因

你一定得同老金[①] 谈谈，他真是能了解同时又极客观、极同情、极懂得人性，虽然他自己并不一定会提起他的历史。

① 老金：金岳霖。

致沈从文

<一九三五年十一月下旬>

二哥:

怎么了?《大公报》到底被收拾,真叫人生气!有办法否?

昨晚我们这里忽收到两份怪报,名叫《亚洲民报》,篇幅大极,似乎内中还有文艺副刊,是大规模的组织,且有计划的,看情形似乎要《大公报》永远关门。气糊涂了我!社论看了叫人毛发能倒竖。我只希望是我神经过敏。

这日子如何“打发”?我们这国民连骨头都腐了!有消息请告一二。

徽因

致沈从文

＜一九三七年十月＞

二哥：

我欠你一封信，欠得太久了！现在第一件事要告诉你的就是我们又都在距离相近的一处了。大家当时分手得那么突兀惨淡，现在零零落落的似乎又聚集起来。一切转变得非常古怪，两月以来我种种的感到糊涂。事情越看得多点，心越焦，我并不奇怪自己没有青年人抗战中兴奋的情绪，因为我比许多人明白一点自己并没有抗战，生活离前线太远，一方面自己的理智方面也仍然没有失却它寻常的职能，观察得到一些叫人心里顶难过的事。心里有时像个药罐子。

自你走后我们北平学社方面发生了许多叫我们操心的事，好容易挨过了俩仨星期（我都记不清有多久了）才算走脱。最后我是病的，却没有声张，临走去医院检查了一遍，结果是得着医生严重的警告——但警告白警告，我的寿命是由天的了。临行的前夜一直弄到半夜三点半，次早六时由家里出发，我只觉得是硬由北总布胡同扯出来上车拉倒。东西全弃下倒无所谓，最难过的是许多朋友都像是放下忍心的走掉，端公[①]太太、公超太太住在我家，临别真是说不出的感到似乎是故意那么狠心的把她们抛下，兆和[②]也是一个使我顶不知怎样才好的，而偏偏我就根本赶不上去北城一趟看看她。我恨不得是把所有北平留下的太太孩子挤在一块走出到天津再说。可是我也知道天津地方更莫名其妙，生活又贵，平津那一节火车情形那时也是一天一个花样，谁都不保险会出什么样把戏的。

这是过去的话了，现在也无从说起，自从那时以后，我们真走了不少地方。由卢沟桥事变到现在，我们把中国所有的铁路都走了一段！最紧张的是由北平到天津，由济南到郑州。带着行李小孩奉着老母，由天津到长沙共计上下舟车十六次，进出旅店十二次，这样走法也就很够经验的，所为的是回到自己的后方。现在后方已回到了，我们对于战时的国家仅是个不可救药的累赘而已。同时我们又似乎感到许多我们可用的力量废放在这里，是因为各方面缺乏更好的组织来尽量的采用。我们初到时的兴奋，现实已变成习惯的悲感。更其糟的是这几天看到许多过路的队伍兵丁，由他们吃的穿的到其他一切一切。“惭愧”

① 端公：钱端升。

② 兆和：沈从文的夫人张兆和。

两字我嫌它们过于单纯，所以我没有字来告诉你，我心里所感触的味道。

前几天我着急过津浦线上情形，后来我急过“晋北”的情形——那时还是真正的“晋北”——由大营到繁峙代县，雁门朔县宁武原平崞县忻县一带路，我们是熟极的，阳明堡以北到大同的公路更是有过老朋友交情，那一带的防御在卢变以后一星期中我们所知道的等于是“鸡蛋”。我就不信后来赶得及怎样“了不起”的防御工作，老西儿[①] 的军队更是软懦到万分，见不得风的，怎不叫我跳急到万分！好在现在情形已又不同了，谢老天爷，但是看战报的热情是罪过的。如果我们再按紧一点事实的想象：天这样冷……（就不说别的！！）战士们在怎样的一个情形下活着或死去！三个月以前，我们在那边已穿过棉！所以一天到晚，我真不知想什么好，后方的热情是罪过，不热情的话不更罪过？二哥，你想，我们该怎样的活着才有法子安顿这一副还未死透的良心？

我们太平时代（考古）的事业，现时谈不到别的了，在极省检的法子下维护它不死，待战后再恢复算最为得体的办法。个人生活已甚苦，但尚不到苦到“不堪”。我是女人，当然立刻变成

① 老西儿：阎锡山。

纯净的"糟糠"的典型，租到两间屋子烹调，课子，洗衣，铺床，每日如在走马灯中过去。中间来几次空袭警报，生活也就饱满到万分。注：一到就发生住的问题，同时患腹泻，所以在极马虎中租到一个人家楼上的两间屋。就在火车站旁，火车可以说是从我窗下过去！所以空袭时颇不妙，多暂避于临时大学（熟人尚多见面，金甫[1]亦"高个子"如故）。文艺，理想，都像在北海五龙亭看虹那么样，是过去中一种偶然的遭遇，现实只有一堆矛盾的现实抓在手里。

话又说多了，且乱，正像我的老样子。二哥你现实在做什么，有空快给我一封信。（在汉口时，我知道你在隔江，就无法来找你一趟。）我在长沙回首雁门，正不知有多少伤心呢，不日或起早到昆明，长途车约七八日。天已寒冷，秋气肃杀，这路不太好走，或要去重庆再到成都，一切以营造学社工作为转移。（而其间问题尚多，今天不谈了。）现在因时有空袭警报，所以一天不能离开老的或小的，精神上真是苦极苦极，一天的操作也于我的身体有相当威胁。

徽因　在长沙

长沙韭菜园教厂坪134刘宅梁

① 金甫：杨振声。

致沈从文

<一九三七年十一月九日至十日>

二哥:

在黑暗中，在车站铁篷子底分别，很有种清凉味道，尤其是走的人没有找着车位，车上又没有灯，送的打着雨伞，天上落着很凄楚的雨，地下一块亮一块黑的反映着泥水洼，满车站的兵——开拔的到前线的，受伤开回到后方的！那晚上很代表我们这一向所过的日子的最黯淡的底层——这些日子表面上固然还留一点未曾全褪败的颜色。

这十天里长沙的雨更象征着一切霉湿，凄怆，惶惑的生活。那种永不开缝的阴霾封锁着上面的天，留下一串串继续又继续着檐漏般不痛快的雨，屋里人冻成更渺小无能的小动物，缩着脖子只在呆想中让时间赶到头里，拖着自己半蛰伏的灵魂。接到你第一封信后我又重新发热伤风过一次，这次很规矩的躺在床上发冷，或发热，日子清苦得无法设想，偏还老那么悬着，叫人着一种无可奈何的急。如果有天，天又有意旨，我真想他明白点告诉我一点事，好比说我这种人需要不需要活着，不需要的话，这种悬着日子也不都是侈奢？好比说一个非常有精神喜欢挣扎着生存的人，为什么需要肺病，如果是需要，许多希望着健康的想念在她也就很侈奢，是不是最好没有？死在长沙雨里，死得虽未免太冷点，往昆明跑，跑后的结果如果是一样，那又怎样？昨天我们夫妇算算到昆明去，现在要不就走，再去怕更要落雪落雨发生问题，就走的话，除却旅费，到了那边时身上一共剩下三百来元，万一学社经费不成功，带着那一点点钱，一家子老老小小流落在那里颇不妥当，最好得等基金方面一点消息。……

可是今天居然天晴，并且有大蓝天，大白云，顶美丽的太阳光！我坐在一张破藤椅上，破藤椅放在小破廊子上，旁边晒着棉被和雨鞋，人也就轻松一半，该想的事暂时不再想它，想想别的有趣的事：好比差不多二十年前，我独自坐在一间顶大的书房里看雨，那是英国的不断的雨。我爸爸到瑞士国联开会去，我能在楼上嗅到顶下层楼下厨房里炸牛腰子同洋咸肉，到晚上又是在顶大的饭厅里（点着一盏顶暗的灯）独自坐着（垂着两条不着地的腿同刚刚垂肩的发辫），一个人吃饭一面咬着手指头哭——闷到实在不能不哭！理想的我老希望着生活有点浪漫的发生，或是有个人叩下门走进来坐在我对面同我谈话，或是同我同坐在楼上炉边给我讲故事，最要紧的还是有个人要来爱我。我做着所有女孩做的梦。而实际上却只是天天落雨又落雨，我从不认识一个男朋友，从没有一个浪漫聪明的人走来同我玩——实际生活上所认识的人从没有一个像我所想象的浪漫人物，却还加上一大堆人事上的纷纠。

话说得太远了，方才说天又晴了，我却怎么又转到落雨上去？真糟！肚子有点饿，嗅不着炸牛腰子同咸肉更是无法再想英国或廿年前的事，国联或其他！

方才念到你的第二信，说起爸爸的演讲，当时他说的顶热闹，根本没有想到注意近在自己身边的女儿的日常一点点小小苦痛比那种演讲更能表示他真的懂得那些问题的重要。现在我自己已做了嬷嬷，我不愿意在任何情形下把我的任何一角酸辛的经验来换他当时的一篇漂亮话，不管它有多少风趣！这也许是我比他诚实，也许是我比他缺一点幽默！

好久了，我没有写长信，写这么杂乱无系统的随笔信，今晚上写了这许多，谁知道我方才喝了些什么，此刻真是冷，屋子里谁都睡了，温度仅仅五十一度[①]，也许这是原因！

明早再写关于沅陵及其他向昆明方面设想的信！

又接到另外一封信，关于沅陵我们可以想想，关于大举移民到昆明的事还是个大悬点挂在空里，看样子如果再没有计划就因无计划而在长沙留下来过冬，不过关于一切我仍然还须给你更具体的回信一封，此信今天暂时先拿去付邮而免你惦挂。

昨天张君劢老前辈来此，这人一切仍然极其“混沌”（我不叫它做天真）。天下事原来都是一些极没有意思的，我们理想着一些美妙的完美，结果只是处处悲观叹息着。我真佩服一些人仍然整天说着大话，自己支持着极不相干的自己，以至令别人想哭！

匆匆

徽因

十一月九日至十日

① 华氏度。

致沈从文

<一九三七年十二月九日>

二哥：

决定了到昆明以便积极的作走的准备。本买二日票，后因思成等周寄梅先生，把票退了，再去买时已经连七号的都卖光了，只好买八号的。

今天中午到了沅陵。昨晚里住在官庄的。沿途景物又秀丽又雄壮时就使我们想到你二哥对这些苍翠的，天排布的深浅山头，碧绿的水和其间稍稍带点天真的人为的点缀，如何的亲切爱好，感到一种愉快。天气是好到不能更好，我说如果不是在这战期中时时心里负着一种悲伤哀愁的话，这旅行真是不知几世修来。

昨晚有人说或许这带有匪，倒弄得我们心有点慌慌的，住在小旅店里灯火荧荧如豆，外边微风撼树，不由得不有一种特别情绪，其实我们很平安的到达很安静的地带。

今天来到沅陵，风景愈来愈妙，有时颇疑心有翠翠[①]这种的人物在！沅陵城也极好玩，我爱极了。你老兄的房子在小山上，非常别致有雅趣，原来你一家子都是敏感的有精致爱好的。我同思

① 翠翠：沈从文小说《边城》中的女主人公。

成带了两个孩子来找他，意外还见到你的三弟，新从前线回来，他伤已愈，可以拐杖走路。他们待我们太好（个个性情都有点像你处）。我们真欢喜极了，都又感到太打扰得他们有点不过意。虽然，有半天工夫在那楼上廊子上坐着谈天，可是我真感到有无限亲切。沅陵的风景，沅陵的城市，同沅陵的人物，在我们心里是一片很完整的记忆，我愿意再回到沅陵一次，无论什么时候，最好当然是打完仗！

说到打仗你别过于悲观，我们还许要吃苦，可是我们不能不争到一种翻身的地步。我们这种人太无用了。也许会死，会消灭，可是总有别的法子我们中国国家进步了弄得好一点，争出一种新的局面，不再是低着头的被压迫着，我们根据事实时有时很难乐观，但是往大处看，抓紧信心，我相信我们大家根本还是乐观的，你说对不对？

这次分别，大家都怀着深忧！不知以后事如何？相见在何日？只要有着信心，我们还要再见的呢。

无限亲切的感觉，因为我们在你的家乡。

徽因

昆明住址云南大学王赣愚先生转

致沈从文

<一九三八年春>

二哥：

事情多得不可开交，情感方面虽然有许多新的积蓄，一时也不能够去清理（这年头也不是清理情感的时候）。昆明的到达既在离开长沙三十九天之后，其间的故事也就很有可纪念的。我们的日子至今尚似走马灯的旋转，虽然昆明的白云悠闲疏散在蓝天里。现在生活的压迫似乎比从前更有分量了。我问我自己三十年底下都剩一些什么，假使机会好点我有什么样的一两句话说出来，或是什么样事好做，这种问题在这时候问，似乎更没有回答——我相信我已是一整个的失败，再用不着自己过分的操心——所以朋友方面也就无话可说——现在多半的人都最惦挂我的身体。一个机构多方面受过损伤的身体实在用不着惦挂，我看黔滇间公路上所用的车辆颇感到一点同情，在中国做人同在中国坐车子一样，都要承受那种的待遇，磨到焦头烂额，照样有人把你拉过来推过去爬着长长的山坡。你若使懂事多了，挣扎一下，也就不见得不会喘着气爬山过岭，到了你最后的一个时候。

不，我这比喻打得不好，它给你的印象好像是说我整日里在忙着服务，有许多艰难的工作做，其实，那又不然，虽然思成与我整天宣言我们愿意义务的替政府或其他公共机关效力，到了如今人家还是不找我们做正经事，现在所忙的仅是一些零碎的私人所委托的杂务，这种私人相委的事如果他们肯给我们一点实际的酬报，我们生活可以稍稍安定，挪点时候做些其他有价值的事也好，偏又不然，所以我仍然得另想别的办法来付昆明的高价房租，结果是又接受了教书生涯，一星期来往爬四次山坡走老远的路，到云大去教六点钟的补习英文。上月净得四十余元法币，而一方面为一种我们最不可少的皮尺昨天花了二十三元买来！

到如今我还不大明白我们来到昆明是做生意，是"走江湖"还是做"社会性的骗子"——因为梁家老太爷的名分，人家常抬举这对愚夫妇，所以我们是常常有些阔绰的应酬需要我们笑脸的应付——这样说来好像是牢骚，其实也不尽然，事实上就是情感良心均不得均衡！前昨同航空毕业班的几个学生谈，我几乎要哭起来，这些青年叫我一百分的感激同情，一方面我们这租来的房子墙上还挂着那位主席将军的相片，看一眼，话就多了——现在不讲——天天早上那些热血的人在我们上空练习速度，驱逐和格斗，底下芸芸众生吃喝得仍然有些讲究。思成不能酒我不能牌，两人都不能烟，在做人方面已经是十分惭愧！现在昆明人材济济，哪一方面人都有。云南的权贵，香港的服装，南京的风度，大中华民国的洋钱，把生活描画得十三分对不起那些在天上冒险的青年，其他更不用说了。现在我们所认识的穷愁朋友已来了许多，同感者自然甚多。

陇海全线的激战使我十分兴奋，那一带地方我比较熟习，整个心都像在那上面滚。有许多人似乎看那些新闻印象里只有一堆内地县名，根本不发生感应，我就奇怪！我真想在山西随军，做什么自己可不大知道！

二哥，我今天心绪不好，写出信来怕全是不好听的话，你原谅我，我要搁笔了。

这封信暂做一个赔罪的先锋，我当时也知道朋友们一定会记挂，不知怎么我偏不写信，好像是罚自己似的——一股坏脾气发作！

徽因

致张兆和

< 一九四九年一月三十日 >

卅七年末北平围城时从清华园寄城中。徽[①]。交三姐[②]。

三小姐：

收到你的信，并且得知我们这次请二哥出来，的确也是你所赞同的，至为欣慰。这里的气氛与城里完全两样，生活极为安定愉快。一群老朋友仍然照样的打发日子，老邓[③]、应铨[④]等就天天看字画，而且人人都是乐观的，怀着希望的照样工作。二哥到此，至少可以减少大部分精神上的压迫。

他住在老金家里。早起八时半就同老金一起过我家吃早饭；饭后聊天半小时，他们又回去；老金仍照常伏案。

中午又来，饭后照例又聊半小时，各回去睡午觉。下午四时则到熟朋友家闲坐；吃吃茶或是（乃至）有点点心。六时又到我家，饭后聊到九时左右才散。这是我们这里三年来的时程，二哥来此加入，极为顺利。晚上我们为他预备了安眠药。由老金临睡时发给一粒。此外在睡前还强迫

① 徽：林徽因。

② 三姐：张兆和。

③ 老邓：清华大学哲学系邓以蛰教授。

④ 应铨：程应铨，时为清华大学建筑系讲师。

吃一杯牛奶，所以二哥的睡眠也渐渐的上了轨道了。[①]

徽因续写：

二哥第一天来时精神的确紧张，当晚显然疲倦，但心绪却愈来愈开朗，第二天人更显愉快。但据说仍睡得不多，所以我又换了一种安眠药交老金三粒（每晚代发一粒给二哥），且主张临睡喝热牛奶一杯。昨晚大家散得特别早。今早他来时精神极好，据说昨晚早睡，半夜“只醒一会儿”。说是昨夜的药比前夜的好，大约他是说实话不是哄我。看三天来的进步，请你放心他的一切。今晚或不再给药了，我们熟友中的谈话多半都是可以解除他那些幻想的过虑的，尤以熙公[②] 的为最有力，所以在这方面他也同初来时不同了。近来因为我病，老金又老在我们这边吃饭，所以我这里没有什么客人，他那边更少人去，清静之极。今午二哥大约到念生[③] 家午饭。噜噜嗦嗦写了这大篇，无非是要把确实情形告诉你放心，“语无伦次”一点，别笑话。

这里这几天天晴日美，郊外适于郊游闲走，我们还要设法要二哥走路——那是最可使他休息脑子，而晚上容易睡着的办法，只不知他肯不肯，

① 以上为梁思成所写，以下为林徽因所写。

② 熙公：清华大学教授张奚若。

③ 念生：罗念生。

即问。

思成　徽因同上

您自己可也要多多休息才好，如果家中能托人，一家都来这边，就把金家给你们住，老金住我们书房也极方便。

附：张兆和致林徽因、梁思成

<一九四九年二月二日>

徽因、思成先生：

看到王逊带来的信，你们为二哥起居生活安排得太好了。他来信说，住在你们那里一切都好，只是增加了主人的情绪负担，希望莫为他过分操心，就安心了。他又说，正在调整自己，努力改造自己，务使适应新的未来。我相信他的话。希望他在清华园休息一阵子，果然因身心舒畅，对事事物物有一种新看法，不再苦恼自己，才不辜负贤伉俪和岳公、熙公们的好意。

听王逊说，徽因先生招了凉，犯气喘，间或还发烧，望能多休息、少说话，别为二哥反疏忽了自己。我们全家下乡究竟有许多不便，过几天我也许来清华玩一天，今甫先生也说要来。我担心你们储粮有限，要面粉我设法托人运来，大米也还有一点。没有空不须给我写信，有什么话告诉张中和好了。

解放军进城后，城内秩序已渐趋安定。大家都好。

交中和带来的安眠药，仍然请交金先生在必要时发给从文吃。谢谢你们。

兆和 上

二月二日

致梁思庄

＜一九三六年夏＞

思庄：

来后还没有给你信，旅中并没有多少时间。每写一封到北平，总以为大家可以传观，所以便不另写。连得三爷[1]、老金等信，给我们的印象总是一切如常，大家都好，用不着我操什么心，或是要赶急回去的。但是出来已两周，我总觉得该回去了，什么怪时候，赶什么怪车都愿意，只要能省时候。尤其是这几天在建筑方面非常失望，所谒大寺庙不是全是垃圾，便是已代以清末简陋的不相干房子，还刷着蓝白色的“天下为公”及其他，变成机关或学校。每去一处都是汗流浃背的跋涉，走路工作的时候又总是早八至晚六最热的时间里。这三天来可真真累得不亦乐乎，吃得也不好，天太热也吃不大下。因此种种，我们比上星期的精神差多了。

上星期劳苦功高之后，必到个好去处，不是山明水秀，就是古代遗址眩目惊神，令人忘其所以！青州外表甚雄，城跨山边，河绕城下，石桥横通，气象宽朗，且树木葱郁奇高。晚间到时山

① 三爷：林徽因的三弟林恒，时住梁家。

风吹过，好像满有希望，结果是一无所得。临淄更惨，古刹大佛有数处。我们冒热出火车，换汽车，洋车[1]，好容易走到，仅在大中午我们已经心灰意懒时得见一个北魏石像！庙则统统毁光！

你现在是否已在北屋暂住下，Boo[2]住那里？你请过客没有？如果要什么请你千万别客气，随便叫陈妈预备。思马一[3]外套取回来没有？天这样热，I can't quite imagine[4]人穿它！她的衣料拿去做了没有？都是挂念。匆匆

二嫂

整天被跳蚤咬得慌，坐在三等火车中又不好意思伸手在身上各处乱抓，结果浑身是包！

① 洋车：黄包车。

② Boo：梁思庄的女儿吴荔明的乳名。

③ 思马一：梁思成的五妹思懿的绰号。

④ I can't quite imagine：我不能想象。

致梁再冰

<一九三七年七月>

宝宝：

妈妈不知道要怎样告诉你许多的事，现在我分开来一件一件的讲给你听。

第一，我从六月二十六日离开太原到五台山去，家里给我的信就没有法子接到，所以你同金伯伯、小弟弟[①] 所写的信我就全没有看见。（那些信一直到我到了家，才由太原转来。）第二，我同爹爹不止接不到信，连报纸在路上也没有法子看见一张，所以日本同中国闹的事情也就一点不知道！

第三，我们路上坐大车同骑骡子，走得顶慢，工作又忙，所以到了七月十二日才走到代县，有报，可以打电报的地方，才算知道一点外面的新闻。那时候，我听说到北平的火车，平汉路同津浦路已然不通，真不知道多着急！

第四，好在平绥铁路没有断，我同爹就慌慌张张绕到大同由平绥路回北平。现在我画张地图你看看，你就可以明白了。

请看第二版 第三版[②]

① 金伯伯、小弟弟：金岳霖和梁从诫。

② 原信如此。附图标号为（1）（2）。

注意万里长城，太原，五台山，代县，雁门关，大同，张家口等地方，及平汉铁路，正太铁路，平绥铁路，你就可以明白一切。

第五（现在你该明白我走的路线了），我要告诉你我在路上就顶记挂你同小弟，可是没法子接信。等到了代县一听见北平方面有一点战事，更急得了不得。好在我们由代县到大同比上太原还近，由大同坐平绥路火车回来也顶方便的（看地图）。可是又有人告诉我们平绥路只通到张家口，这下子可真急死了我们！

第六，后来居然回到西直门车站（不能进前门车站），我真是喜欢得不得了。清早七点钟就到了家，同家里人同吃早饭，真是再高兴没有了。

第六[①]，现在我要告诉你这一次日本人同我们闹什么。

你知道他们老要我们的“华北”地方，这一次又是为了点小事就大出兵来打我们！现在两边兵都停住，一边在开会商量“和平解决”，以后还打不打谁也不知道呢。

第七，反正你在北戴河同大姑，姐姐哥哥们一起也很安稳的，我也就不叫你回来。我们这里一时也很平定，你也不用记挂。我们希望不打仗

① 第六：原信有两个“第六”。

事情就可以完；但是如果日本人要来占北平，我们都愿意打仗，那时候你就跟着大姑姑那边，我们就守在北平，等到打胜了仗再说。我觉得现在我们做中国人应该要顶勇敢，什么都不怕，什么都顶有决心才好。

第八，你做一个小孩，现在顶要紧的是身体要好，读书要好，别的不用管。现在既然在海边，就痛痛快快的玩。你知道你妈妈同爹爹都顶平安的在北平，不怕打仗，更不怕日本。过几天如果事情完全平下来，我再来北戴河看你，如果还不平定，只好等着。大哥[①]、三姑过两天就也来北戴河，你们那里一定很热闹。

第九，请大姐[②]多帮你忙学游水。游水如果能学会了，这趟海边的避暑就更有意思了。

第十，要听大姑姑的话。告诉她爹爹妈妈都顶感谢她照应你，把你“长了磅”。你要的衣服同书就寄来。

妈妈

① 大哥：梁再冰的大表哥。

② 大姐：梁再冰的大表姐。

致梁再冰

< 一九四一年六月 >

鼓励你读书的嬷嬷很不希望这个可敬的袋鼠成了你将来的写照。喜欢读书的你必需记着同这漫画隔个相当的距离，否则……最低限度，我是不会有一个女婿的。

你的妈妈在病中

卅年六月里

*此信书于一幅送给女儿梁再冰的漫画旁。由于当时梁再冰过于爱看小说，有高度近视的危险，林徽因故以此方式对其委婉劝导。

致朱光潜

< 一九三七年 >

*此信片段录自一九三七年五月一日《文学杂志》创刊号《编辑后记》。

我所见到的人生中戏剧价值都是一些淡香清苦如茶的人生滋味，不过这些戏剧场合须有水一般的流动性，波光鳞纹在两点钟时间内能把人的兴趣引到一个 Make-believe[1] 的世界里去，爱憎喜怒一些人物。像梅真那样一个聪明女孩子，在李家算是一个丫头，她的环境极可怜难处。在两点钟时间限制下，她的行动，对己对人的种种处置，便是我所要人注意的。这便是我的戏。

① Make-believe：虚幻。

致费慰梅、费正清

<一九三五年八月>

*林徽因致费慰梅、费正清书信原件均为英文。本集收录部分，并附译文。此信系节选，写于林徽因在北平香山养病期间。

August 1935

Dearest Wilma and John,

…① I was sentimental or not② somehow I was touched when it began to play melodies I was familiar with when I was a very young girl on board the ③ across the Indian Ocean home。

④ moonlights + dancing perform tropical ⑤ + sea air, all crowded on ⑥ + that little bit known as youth which lasted like a short breezy moment of a song, came to haunt one like a vision, half sad + half twinkling, but loaded one's heart only with heavy sense of loss.

…⑦

Phyllis⑧

① 此处有删节。
② 字迹遮盖无法辨认。
③ 字迹遮盖无法辨认。
④ 字迹遮盖无法辨认。
⑤ 字迹遮盖无法辨认。
⑥ 字迹遮盖无法辨认。
⑦ 此处有删节。
⑧ 林徽因英文名。

［译文］

亲爱的慰梅、正清：

……听到一段当我还是个小姑娘时在横渡印度洋回家的船上所熟悉的乐曲——好像那月光、

舞蹈表演、热带星空和海风又都涌进了我的心灵，而那一小片所谓的青春，像一首歌中轻快而短暂的一瞬，幻影般袭来，半是悲凉、半是光彩，却只是使我茫然。

……

菲丽丝

一九三五年八月

致费慰梅

<一九三五年九月七日>

*此信系节选。一九三五年，林徽因同父异母的弟弟林恒来到北平，住在梁家，引起林的生母与这个『儿子』之间的一场危机。林徽因在该信中述及此事。

Sept. 7, 1935

Dearest Wilma,

…[①] I came home most unhappy, but I could not run over again or write because my mother suddenly was feeling faint. There was a general disturbance in the house, and after that I had to dig into the past with my half-brother trying to establish an understanding to make the present close contact possible and tolerable! I was exhausted and worn. Wilma, I am terribly terribly almost wishing I was dead or hadn't been born in such a family as mine by the time I went to bed…

This time or rather for the last three days, it was my own mother who drove me into human hell, I am not using the language too strong but that is not what I am started out to write about.

…[②] I know I am a happy and lucky person really, but the early battles have injured me so permanently that if any reminder of them arose; I became only absorbed the past misfortune.

Phyllis

① 此处有删节。

② 此处有删节。

［译文］

最亲爱的慰梅：

……我回到家里很不开心，但我不能跑开或写作，因为我发现母亲突然有点儿体力不支，家里有种不祥的气氛。我只好和我的异母弟弟深谈以往，以建立一种相互了解，使目前这种密切来往能够维持下去。这搞得我筋疲力尽、面容憔悴。慰梅，到我临上床时，真恨不得去死，或从来没有出生在这么个家庭里……

这一次，或说这三天来，我自己的母亲简直把我逼进了人间地狱。我不是在用强硬、严酷的词汇，也不是在用这样的语句写信。

……我知道自己其实是个幸福而走运的人，但是早年的家庭争战，已使我受到了永久的创伤，以致如果其中任何一点残痕重现，就会让我陷入过去的厄运之中。

菲丽丝

一九三五年九月七日

*获悉费慰梅希望前往北平西山进行考察，林徽因用漫画的形式描绘了她的行程，同时写下了这封信。

致费慰梅

＜一九三五年十月＞

Oct. 1935

W's trip to His-Shan, Sheng Mi Shih Tang

Les Shan De Shih[①]

If you insisted on adventure of course! The picture above finds you bravely at it—Don't you think I have good foresight? You will find a sun and a temple and some trees and you will have a donkey boy who admires your blue "Koo-Kua" and looks at you cook everyday and you will have such a donkey going over such road, that you will think of you red handled bicycle, your husband and your nice court—yard and Peking, the part that is not hilly and decidedly east.

However, I wish you the best of luck the kind of outfit fun part or can give you namely your blue Koo-Kua.

This note is a best improvement over your exotic one.

Phyllis

① Les Shan De Shih：法语，西山。

[译文]

慰梅的西山神秘池塘之旅

西山

如果你坚持要去探险！上面的图画将绘出你那勇敢的探险之旅。你不认为我颇有先知先觉么？一路上——你将会看到艳阳、一座庙宇和几棵树，你将与一位赶驴的男孩为伴，他欣赏你的一身“蓝裤褂”，看着你每日烧火煮饭，你将骑着那头小毛驴踏上崎岖的山路，不时会想起你那红色车把的自行车，想念你的先生，想念你那可爱的四合院和北平城，那里平坦没有山，就在城东。

真心希望你的探险之旅成功、有趣！或可为你命名“蓝裤褂”之旅。

注：此图描绘的是你那异国情调融入本土的最佳之路。

菲丽丝

一九三五年十月

*此信系节选。一九三五年末，日军全面侵略已迫在眉睫，梁思成、林徽因准备南迁。林徽因在该信中述及此事。

致费慰梅、费正清

＜一九三五年十一月至十二月间＞

Sometime in Nov.-Dec. 1935

Whei to Wilma and John,

…[①] Ssu-cheng and I have been straightening our old papers and things for several hours now. Such an amazing lot of odds and ends piled up along the track of life! We found the task too depressing for words! Especially because we are at present hung sadly at the pessimistic end of the line, with a very vague future ahead.

…[②] If our national calamity were more spectacularly swift or brutal, we would be compelled to meet the situation in some way or other, immediately and actively. There would be difficulties and hardship, but we would not be sitting here with fists aimlessly tightened and our face thickened every minute with disgrace.

Phyllis

① 此处有删节。

② 此处有删节。

［译文］

徽因致慰梅和正清：

……思成和我已经为整理旧文件和东西花了好几个钟头。沿着生活的轨迹，居然积攒了这么多的杂七杂八！看着这堆往事的遗存，真使我们的哀愁难以言表。特别是因为我们正凄惨地处在一片悲观的气氛之中，前途渺茫……

……如果我们民族的灾难来得特别迅猛而凶暴，我们也只能以这样或那样迅速而积极的方式去回应。当然会有困难和痛苦，但我们不会坐在这里无目的地握着空拳，却随时让人威胁着羞辱我们的"脸面"。

菲丽丝

一九三五年十一月至十二月间

致费慰梅、费正清

＜一九三六年一月四日＞

*此信系节选。一九三五年圣诞节，费氏夫妇离开北平回国。这是他们走后收到的林徽因的第一封信。

Jan. 4th, 1936

3 Pei Tsung Pu Hutong

Dearest Wilma and John,

…[①] I have been much younger and alive since you two run around with us and impart to me new vitality and outlook on life and future in general. So much so that I am gratefully astonished myself each time.

I viewed over everything I did this winter, Wilma and John, you see I was bi-culturally brought up, and there is no denying in that, the bi-cultural contact and activity is essential to me. Before you two really came into our lives here in No.3, I was always somewhat lost and has a sense of lack somewhere, a certain spiritual poverty or loneliness which need nourishing what the "blue notes" more than restored, and another thing—all my friends in Peiping are older and more serious minded people, they don't supply much from themselves out, then turn to Shih-cheng and me for inspiration and fresh something. "Gosh", how often I

① 此处有删节。

feel drained!

…[1] The picnics and ridings this autumn or rather early winter, (and the shan-shi's trip too) made a whole world of difference to me. Imagine if not for all that, how was I to survive all those excitement and confusion and depression of our fragment National Crises!!! The riding was symbolic too; …[2] besides the fate of Chi-Hua men where had always been for me only Japs and their target, now I can see the country lanes and best flat open wintery atmosphere, delicate bare branches that scatter silver, small quiet temples and the accessional bridge one can cross with romantic pride.

…[3]

Yours ever, Phyllis

① 此处有删节。

② 此处有删节。

③ 此处有删节。

［译文］

最亲爱的慰梅和正清：

……自从你们两人来到我们身边，并向我注入了新的活力和对生活以及总体上对未来的新看法以来，我变得更加年轻、活泼和有朝气了。每当我回想起今年冬天我所做过的每一件事，我自己都会感到惊讶并充满感激之情。

你们知道，我是在双重文化的教养下长大的，不容否认，双重文化的接触与活动对我是不可少的。在你们俩真正在（北总布胡同）三号进入我们的生活之前，我总是觉得若有所失，缺了点什么，有一种精神上的贫乏或孤独感需要营养，而你们的“蓝色书信”充分地补足了这一点。另一方面，我在北平的朋友都比我年岁大，比我老成。他们提供不了多少乐趣，反而总是要从思成和我身上寻求灵感和某些新鲜东西。我常有枯竭之感。

……今秋或初冬的那些野餐、骑马（还有山西之行）使我的整个世界焕然一新。试想如果没有这些，我如何能熬过我们民族频繁的危机所带来的紧张、困惑和忧郁？骑马也有其象征意义；……在我总认为都是日本人和他们的攻击目标的齐化门[①] 外，现在我可以看到农村小巷和在寒冬中的广袤原野、散布着银色的纤细枯枝、寂静的小庙和人们可以怀着浪漫的自豪偶尔跨越的桥。

……

你们永远的菲丽丝

一九三六年一月四日

北总布胡同三号

① 齐化门：今北京市朝阳门。

致费慰梅、费正清

＜一九三六年一月二十九日＞

*此信系节选。沈从文曾陷入一段感情危机，他像对长姊一样向林徽因倾诉自己的苦恼。林徽因在该信中述及此事。

3 Pei Tsung Pu Hutong
Jan. 29th, '36

Dearest Wilma and John,

…[①]

Heavens! If I would write a story with just such situations and such arguments, if I would write it badly, one would think I invented the situation, badly and so untrue to life! But here it is, take it or leave it, and of all people, should be Chung-Wen, the quiet, understanding feeling and guilty person, a novelist himself, a genius at that! And he has got himself into this scrap and is feeling just as hopeless as any young and inexperienced little boy in such matters—and the poet in him rebelled and looked so lost and puzzled by life and its conflicts, that I thought of Shelley and also remembered Hsu chih-mo in his mad struggles against conventional sorrow, and I can't help feeling fondly amused. I can't describe to you how utterly charming he was that morning and how amusing! And how old

① 此处有删节。

and wise and tired I sat there talking to him, scolding him, advising him and discussing with him on life and its inconsistency, on human nature and its charm and tragedies and on idealism and reality! …[①]

…[②]

Little have I thought before that people who lived and were brought up in so different a way as Chung-Wen, will have some such feelings that I could so well understand, and have some such problems and troubled by it as I have known in other contexts. This is a new and deep experience for me, and that is why I think proletariat literature is nonsense. Good literature is good literature regardless of the "ideology" of the people. From now on I am going to take a fresh faith in my writing as Lao-Chin has been hoping and trying to convince me of its worth all along. Hurrah!

…[③]

Lots of love

Phyllis

① 此处有删节。

② 此处有删节。

③ 此处有删节。

［译文］

最亲爱的慰梅和正清：

……

上帝！要是我写一篇故事，有这般情节，并（像他那样）为之辩解，人们会认为我瞎编，不近情理。可是，不管你接不接受，这就是事实。而恰恰又是从文，这个安静、善解人意、“多情”而又“坚毅”的人，一位小说家，又是如此一个天才，使自己陷入这样一种感情纠葛，像任何一个初出茅庐的小青年一样，对这种事陷于绝望。他的诗人气质造了他自己的反，使他对生活和其中的冲突茫然不知所措，这使我想到雪莱，也回想起志摩与他世俗苦痛的拼搏。可我又禁不住觉得好玩。他那天早上竟是那么迷人和讨人喜欢！而我坐在那里，又恼又疲惫地跟他谈，骂他、劝他，和他讨论生活及其曲折，人类的天性、其动人之处及其中的悲剧，还有理想和现实！……

……

过去我从没想到过，像他那样一个人，生活和成长的道路如此地不同，竟然会有我如此熟悉的感情，也被在别的景况下我所熟知的同样的问题所困扰。这对我是一个崭新的经历，而这就是为什么我认为普罗文学毫无道理的缘故。好的文学作品就是好的文学作品，而不管其人的意识形态如何。今后我将对自己的写作重具信心，就像老金一直期望于我，试图让我认识到其价值那样。万岁！

……

非常爱你们。

菲丽丝

（一九）三六年一月二十九日

北总布胡同三号

致费慰梅

<一九三六年五月七日>

May 7th, '36

Wilma, Wilma, Wilma,

(I have to address the envelope to John because it is more proper for Balliot.)

I have been in the yelling mood ever since your last delightful letter, now that another one has come I must answer you right away. There has been a long time I didn't (or couldn't) write to you people because of a "gap" caused by your sending letters not via Siberia and each took over fifty days to come. (Except one which came a little sooner but it must be one that was written later.) So everything got terribly upsetting. We loved the "type-written reports" of where about and what-abouts, but emotionally they are a bit unsatisfactory.

You sound worried about my ways of life; running around helping people in general, lots of worry and no exercise etc. Well, sometimes nothing can be done, it is almost fatal I should slave and waste myself on trash always, till—I mean unless circumstance itself take mercy on me and change. So far the circumstance is none too good for Phyllis the individual, though very smooth for the same person in all the capacities as a family member. The weather is glorious everybody has room re-papered, re-furnished, decorated to re-assume life in better shade. Let me give you a picture to show how it is.

Wilma, Wilma, is there any use my going on writing news... just look at the beds! Aren't they exciting!!!! But the fun is when they are more or less gather in the marked public spots and when they have breakfast one after another, and tea each in his or her room in different styles!!! Next time you come to Peking, ask for the Liangs boarding house!

I will start another sheet.

At this point of course the children came back from school insisted on looking at the "picture of beds" and identify their own etc etc. Bao-bao is always fussing about her dresses because the weather is getting warm. Helen's shirt is a bit "out" now. Chung-Chieh has the end of Dolly's green dress for a pair of short knickers, very smart.

No, no, no, I refuse to give you more impression how thoroughly I am buried in domesticity—I still have other points left I think, when "joie de vivre" takes over me which though come seldom, it still comes!

Yes, I do understand your approach to work. I work in very much the same way, though sometimes quite different. I achieve best when it is "pure product of Joie de Vivre". Most seriously when it is a question of bursting from inside, happily or unhappily. When it is a question of desperate yearning for expression-something I found out or I know, or I learned to understand, and I wanted to impart the secret seriously and earnestly to some one. "Readers" are not "public" to me, but individuals who are more understanding and sympathetic than relatives and friends surrounding me and who are eager to listen to what I have to say and become saddened or gladdened because of what I say. When I am doing domestic little trifles, I always feel that it is a pity I am neglecting someone else infinitely more interesting and important somewhere else unknown to me. Thus I hasten to finish the work in hand in order to go back "talking" to the others, and get often irritated if the work I have in hand never finishes, or coming in fresh bunches and increases all the time. Thus I am never good at domestic work, because half of my mind is elsewhere and cursing the work I was doing (though I may even enjoy the work or doing it terribly well). On the other hand if I am doing a real piece of writing or something like that and realize at the same time I was neglecting my home, my conscience never got pricked at all, in fact I feel happy and wise that I have been doing something much more worthwhile—it is only when my children looking ill or losing weight that I start feeling bad and wake up at middle of the night wondering I have been fair or not.

My English is getting very poor and rusty. I will stop here and write again when "joie de vivre" takes over me and even my English pushes forth in real neat way.

Bao-bao has written you countless letters I am sending you this one.

Tell John, my article somehow never come to anything, and only Gods know why I still hope to finish it. Don't get disgusted yet. Pray for me.

Love and love and love

Phyllis

You must both write

more Chinese. We will

help, anyway you suggest.

［译文］

慰梅，慰梅，慰梅：

（信封上我得写给正清，因为这对于白莉奥来说更合适些。）

自从收到你上封让人高兴的信以来，我一直情绪高涨，现在又来了一封，我必须马上回你。很长时间我没有（或不能）给你们写信，因为这中间有个“时间差”，那是因为你们的信不是经西伯利亚邮来的，以致一封信要走五十天（只有后来的一封稍快一点）。所以好些事弄得让人非常扫兴。我们特别喜欢那些关于各种各样事情的“打字报告”，只是感情上还有点不够满足。

看来你对我的生活方式——到处为他人作嫁、操很多的心而又缺乏锻炼等等——很担心。是啊，有时是一事无成，我必须为一些不相干的小事操劳和浪费时间，直到——我的意思是说，除非命运对我发慈悲而有所改变。看来命运对于作为个人的菲丽丝不是很好，但是对于同一个人，就其作为一名家庭成员而言的各个方面来说，还相当不错。天气好极了，每间屋子都重新裱糊过、重新布置并装修过了，以期日子会过得更像样些。让我给你画张图，告诉你是怎么回事。[①]

慰梅，慰梅，我给你写什么新闻还有什么用——就看看那些床吧！它们不叫人吃惊吗！！！！可笑的是，当它们多多少少按标出的公用地点摆放到一起之后，住这里的人会一个接一个地要吃早点，还要求按不同的样式在她的或他的房间里喝茶！！！下次你到北京来，请预订梁氏招待所！

我要开始另一页了。

此刻孩子们从学校回来了，他们非要看这张《床铺图》，还要认出他们自己的床等等。宝宝总是挑剔她的衣服，因为天气已经热了。海伦的衬衫已经有点过时。从诫从达丽的绿衣服里得到一条短灯笼裤，很帅。

不，不，不，我不能让你认为我已陷入了家务琐事之中——我想，当“joie de vivre[②]”占据

① 以下林徽因画了一张当时梁宅——北京北总布胡同三号的平面图，名曰《床铺图》，注明每间屋子什么人住、放了几张床（图中方向为上南下北）。下面林徽因写道：“答案：当一个‘老爷’娶了一个‘太太’，他们要提供十七张床和十七套铺盖，还要让黄包车车夫睡在别人家，不然他只能在院子里站着。”当年除梁、林、两个子女和林老太太外，还有五六位亲戚朋友常住梁家，信中所说的吃早饭、喝茶等就是指他们。当时梁家共有包括厨师和黄包车车夫在内的六个用人。图中北耳房是厕所。林徽因注：“自用；浴室；厕所和更衣室；书房；办公室；起居室（非常高兴我总算有一间属于自己的房间！）”图中梁、林的卧室注：“一个老爷；一个太太。亚地斯亚贝巴，意大利军队正在逼近。”一九三六年五月，墨索里尼统治下的意大利法西斯军队正在入侵阿比西尼亚（今埃塞俄比亚），兵临其首都亚的斯亚贝巴城下。

② joie de vivre：“生活的欢乐”，原文为法文。

了我的身心时，我还有别的方面。虽然这种情况不多，但还是有的！

是的，我当然懂得你对工作的态度。我也是以这种态度工作的，虽然有时候和你很不一样。当那是“Joie de Vivre 的纯粹产物”时，我的成绩也最好。最认真的成绩是那些发自内心的快乐或悲伤的产物，是当我发现或知道了什么，或我学会了去理解什么而急切地要求表达出来，而且严肃而真诚地想要与别人分享这点秘密的产物。对于我来说，“读者”并不是“公众”，而是一些比我周围的亲戚朋友更能理解和同情我的人，他们急于听我所要说的，并因我之所说的而变得更悲伤或更欢乐。当我在做那些家务琐事的时候，总是觉得很悲哀，因为我冷落了某个地方某些我虽不认识，对于我却更有意义和重要的人。这样我总是匆匆干完手头的活，以便回去同别人“谈话”，并常常因为手上的活老干不完，或老是不断增加而变得很不耐烦。这样我就总是不善于家务，因为我总是心不在焉，心里诅咒手头的活（尽管我也可以从中取乐并且干得非常出色）。另一方面，如果我真的在写作或做类似的事，而同时意识到我正在忽视自己的家，便一点也不感到内疚，事实上我会觉得快乐和明智，因为做了更值得做的事——只有在我的孩子看起来生了病或体重减轻时我才会感到不安，半夜醒来会想我这么做究竟是对还是不对。

我的英文越来越糟糕和荒疏。我要停笔了，等到下一次“joie de vivre”降临于我，英文真的利落一点的时候再写。

宝宝给你写了无数的信，现在寄给你一封。

告诉正清，我的文章老也写不成，上帝才知道为什么我还在想完成它。先别对我不耐烦，为我祈祷吧。

爱你、爱你、爱你

菲丽丝

（一九）三六年五月七日

你们俩要多写中文，只要你们提出要求，我们都会帮助的。

致费慰梅、费正清

＜一九三六年五月二十九日＞

*此信系节选。一九三六年夏，林徽因、梁思成前往河南、山西考察。

29th May, 1936

Lung Men

Dearest Wilma and John,

… ① I am sitting right under the largest open-air rock-cut cave of Lung Men with the nine largest statues sitting and standing in various calm and dynamic poses staring at me (and I at them!) … ② Oh I am so breathless from excitement and so thrilled with whatever it is in the scene. … ③ I am overwhelmed with that kind of awe which comes only through this kind of magnificent experience.

Love, Phyllis

① 此处有删节。

② 此处有删节。

③ 此处有删节。

［译文］

最亲爱的慰梅和正清：

……我坐在龙门最大的露天石窟下面，九尊最大的雕像以各种安详而动感的姿态或坐或立地盯着我看（我也盯着它们！）……哦！我简直兴奋得透不过气来，眼前的一切景象都令我如此激动……

面对这样壮观的景象，对它们的一种敬畏感使我折服。这种敬畏感，只能来自于亲眼所见的经历。

爱你们　菲丽丝

一九三六年五月二十九日

龙门

致费慰梅、费正清

< 一九三六年六月三日 >

*此信系节选。

3rd June, 1936

Kai-Feng

Dearest Wilma and John,

…[①] No time to write detailed letter, but this ought to be able to give you an idea where and how we are. We are going to tour through 23 Hsiens of Shun Yung after this. We have to eat and sleep (necessarily well in order to have strength to go on). I am never lost sight of Wilma's famous "Lao-yi-lao, nao-yi-nao!" In fact, I cling to that sagacious outburst, in order to keep on youthful appearance and complexion. …[②] We thought about you and John all during this trip, which reminds us all the happy time we trod the mud to Longshi.

Love, Phyllis

［译文］

亲爱的慰梅和正清：

……没有时间写详细的信，但这应该能给你一个我们所处境遇的概念。此后，我们将要穿越山

① 此处有删节。

② 此处有删节。

西的二十三个县。我们不得不确保食宿（以便我们有足够的精力继续工作）。我老忘不了慰梅爱说的名言“恼一恼，老一老”——事实上我坚守这个明智的说法，以保持我青春的容貌……整个旅途中，我们都思念着咱们一起踩着烂泥到（山西）灵石去的欢乐时刻。

爱你们　菲丽丝

一九三六年六月三日

开封

致费慰梅

＜一九三七年十一月二十四日＞

*此信系节选。抗日战争爆发后，一九三七年十一月梁家在南迁途中，暂住长沙。林徽因在该信中描述了他们当时的境况。

November 24, 1937

Dear Dear Dearest Wilma and Family and the rest of people near by,

You must be worried by now! But you must not. If things were to come to the worst for us, we are only in a way being released from the present rather terrible strenuous dark and unhappy existence. …① The thing is to live to see it through or to be released when life becomes more and more of a horrible experience. …② We cannot help not coming out one way or the other, can we?! Meanwhile as a matter of fact, we will always struggle to live. As for instance we did yesterday. Our house scored almost a direct hit from a bomb during the first air raid of Chang Shia. The bomb dropped 15 yards away from the door of the house in which we had three rooms as our temporary home. We were all home at the time, mother, two children, Ssu-cheng and I. Both children were sick in bed. The bombers came unexpectedly (there was some negligence about giving

① 此处有删节。

② 此处有删节。

alarm signals beforehand). … [1]

No one knows how we managed not being blown to bits. Our house was in pieces just as we hurried downstairs after hearing some hellish crash and burn for the two bombs first dropped further away from us. It was by sheer instinctive action each of us picked up one child and rushed for the stairs. But before reaching the ground, the nearest bomb exploded which blew me up with 小弟[2] in my arms and then threw me down again on the ground unhurt. Meanwhile the house started to crack and every bit of the much glassed Chang Shia house, door and panels, roof, ceilings all came tumbling, showering down on top of us. We rushed through the side door (fortunately the wall did not give away or come down) and were out on the street choked with black smoke.

… [3]

While we were running toward the dug out inside the temporary ground of "Tsing Hua, Peitan [4] and Nankai Joined Colleges" another bomber started to descend. We stopped running thinking there was not a chance for us to get away this time, and we preferred

① 此处有删节。

② 此处原文系中文，小弟指梁从诫。

③ 此处有删节。

④ Peitan："北大"的音译。

to be close together rather than leaving out a few to live to feel the tragedy. This last bomb did not explode but dropped at the end of the street, on which we were running! All our things (very few now) are being excavated out of the glassy debris and we now stay temporary with friends here and there.

…[①] During little gaps we still gathered to eat together not in restaurants but enjoying my own cooking on a little stove in that 3 room suite in which we did practically every things that used to be spread out over the entire No.3 Pei Tsung Pu Hutong. Much laughter and sighs over the past were exchanged but as a whole we still kept up our spirits. In fact, in the evenings you will find the old Saturday friends wandering here and there looking for a bit of family warmth in those houses where wives and children have come to share the "national crisis".

…[②] We have come to decide to leave this place for Yunnan, … Our country is still not well-organized enough to give any of us any active war work, so we are merely war nuisance so far. So why not clear out and go further back in the corner. Someday even that

① 此处有删节。

② 此处有删节。

place is going to be bombed, but still we have no better place to go at present.

…[①]

All my love to all

Phyllis

［译文］

最最亲爱的慰梅、你们的家人以及周围的朋友们:

你们现在一定在为我们担心，但请放心。就算事情变得对我们更糟糕，我们只能在很可怕的紧张黑夜和不乐观的现实中采取放松的态度。……事情变得越来越可怕的时候，我们要么把情况看得清楚明白，要么放松下来。……我们不得不以这样或什么别样的面貌出现，对吗?现而今，我们总是会奋力活下去。昨天，在日机对长沙的第一次空袭中，我们的住房就几乎被直接击中。炸弹就落在距我们的临时住房大门十五码的地方，在这所房子里我们住了三间。当时我们——母亲、两个孩子、思成和我都在家，两个孩子都在生病。轰炸机如期而至（事先警报未拉响）……

没人知道我们为什么没有被炸成碎片。听到

① 此处有删节。

地狱般的断裂声和头两响稍远一点的爆炸，我们便往楼下奔，我们的房子随即四分五裂。全然出于本能，我们各抓起一个孩子就往楼梯跑，可还没来得及下楼，离得最近的炸弹就炸了。它把我抛到空中，手里还抱着小弟，再把我摔到地上，我却没有受伤。同时房子开始嘎嘎乱响，到处都是碎裂玻璃的门窗、隔扇、屋顶、天花板，全都坍了下来，劈头盖脸地砸向我们。我们冲出旁门，来到黑烟滚滚的街上（幸运的是墙壁没有崩塌）。

……

当我们往联合大学的防空壕跑的时候，又一架轰炸机开始俯冲。我们停了下来，心想这一回是躲不掉了，我们宁愿靠拢一点，省得留下几个活着的人去承受那悲剧。这颗炸弹没有炸，落在我们正在跑去的街道那头。我们所有的东西——现在已经不多了——都是从玻璃碴中捡回来的。眼下我们在朋友那里到处借住。

……在空袭之前我们仍然常常聚餐，不在饭馆，而是在一个小炉子上欣赏我自己的手艺，在那三间小屋里我们实际上什么都做，而过去那是要占用整整一栋北总布胡同三号的。我们交换着许多怀旧的笑声和叹息，但总的说来我们的情绪还不错。每天晚上我们就去找那些旧日的“星期六朋友”，到处串门，想在那些妻儿也来此共赴国难的人家中寻求一点家庭温暖。

……我们已经决定离开此处到云南去……我们的国家仍没有组织到可使我们对战争能够有所效力的程度，以致至今我们还只是“战争累赘”而已。既然如此，何不腾出地方，到更远的角落里去呢。有朝一日连那地方（指昆明）也会被轰炸的，但眼下也没有更好的地方可去了。

……

致以我全部的爱　菲丽丝

一九三七年十一月二十四日

致费慰梅、费正清

<一九三八年三月二日>

*此信系节选。一九三八年，从长沙前往昆明的途中，林徽因病倒在湘贵交界的晃县，持续高烧，两周后才缓解。

March 2nd, 1938

Darlingest—of all people far and near,

still spelt Wilma and her John,

…[1] I hesitate to start telling you things…[2] after our bus in 长沙[3] station at five o'clock in the morning of Dec 8th. The whole journey from Chang Sha to Kunming should only cover seven to ten days by buses, but it took us 39 days, most of the time in bitterly cold weather. Half of the time in curious anticipation of "苗[4]" bandits in wild mountainous districts. We have to pass through in very broken buses "of all kinds of makes and years". The two biggest episodes worthy of special mention were my getting acute Bronchitis (which was rapidly becoming something more serious such as Pneumonia) in a place called 晃县[5] at the border of 湖南[6] province next to 玉屏县[7] of Kwei Chow province… We have to stop fifteen days in 晃县[8] waiting for buses which were at the time all taken away to help moving the aviation

① 此处有删节。
② 此处有删节。
③ 此处原文系中文。
④ 此处原文系中文。
⑤ 此处原文系中文。
⑥ 此处原文系中文。
⑦ 此处原文系中文。
⑧ 此处原文系中文。

school cadets.

…[1] we also waited for my recovery from a bad case of influenza-Bronchitis-fever of unknown origin or whatever it was which cost me hell of a time to pull through (one or two days the fever ran up to 41 and more and stayed in that dizzy height for the rest of the day without signs of giving me health to cope with the situation.) The next trip incident happened two days after my getting out of fever.

…[2] we resumed the journey in most desperate circumstance, we started at one a.m. to get onto the bus, and by three a.m. we packed in all our belonging (few enough) and ourselves into the car… fighting with a crowd to get some seats in a sixteen seats bus (which finally packed 27 people), and by 10 in the morning the car finally started moving, (that is) a windowless and starter-less and "everything-less" after that puff and shook, and have every difficulty in climbing even a flat stretch of road, left alone real high dangerous mountain ranges.

…[3] the bus chosen to break down on top of a

① 此处有删节。

② 此处有删节。

③ 此处有删节。

wild Kwei Chow mountain, famous for bandits! ... Again miraculously enough we reached a group of houses on the side of high cliff and were taken in for the night. Anyhow the main point is that we were again spared of a worse situation...[1]

After this, episodes after episodes of broken cars, unexpected stops filled by unattractive inns to put up etc., with occasional magnificent scenery to make one's heart more twisted than ever in the face of it. The jade mountain stream, autumn red leaves and while it needs, sailing clouds above, old fashion iron chained bridge, ferries, and pure Chinese old city like 安顺[2] are all the things I like to tell you in great details mingling with footnotes of my own peculiar emotional reach at the time if possible.

Phyllis, with love.

［译文］

最最亲爱的慰梅、正清以及远近所有的朋友：

……我勉强向你讲述我们的境况……那是十二月八日早晨五点在长沙汽车站的事。从长沙到昆明，乘汽车本来只需七天到十天，但我们竟

① 此处有删节。

② 此处原文系中文。

用了三十九天,多数时间是在极冷的天气下行进。一半时间是猜测或担心在荒野山间会不会遇到“苗族盗匪”，而我们坐的是用各种材料、也不知是什么年代生产的非常破旧的汽车。值得告诉你们两件最重要的事，在湖南省和贵州省交界的玉屏县旁边的晃县，我得了急性气管炎（这个病迅速地恶化为肺炎）。……我们只能在晃县停留十五天等汽车，当时所有的汽车都被派去运输在航空学校培训的学员。

……我们还在等待我这糟糕的不知缘故的肺炎（或闹不清是什么病）康复，有一两天体温甚至超过四十一摄氏度，后来的几天，也没有迹象能恢复到可以适应目前状况的地步。只是在我退烧之后两天，我们才继续逃难。

……我们在令人绝望的情况下又重新上路。凌晨一点，摸黑抢着在凌晨三点之前把我们少得可怜的行李和我们自己塞进长途车，到早上十点这辆车终于出发时，已经挤上二十七名旅客。这是个没有窗子、没有点火器、样样都没有的玩意儿，喘着粗气、摇摇晃晃，连一段平路都爬不动，更不用说又陡又险的山路了。

……车在一座以土匪出没而著称的山顶出了故障！……又一次，奇迹般地，我们来到峭壁边上的一片房子，允许我们去过夜。无论怎样，我们又陷入了一次更糟糕的境遇……

此后，又有关于这些破车意外抛锚、臭烘烘的小客栈等的一个又一个插曲。间或面对壮丽的风景，使人比任何时候都更加心疼。玉带般的山涧、秋山的红叶和发白的茅草，飘动着的白云、古老的铁索桥、渡船，以及地道的像安顺那样的中国小城，这些我真想仔细地一桩桩地告诉你，可能的话，还要注上我自己情绪上的特殊反应。

爱你们的菲丽丝

一九三八年三月二日

*此信系节选。到昆明后，梁思成、林徽因在晃县邂逅的那批飞行员从航校毕业，开始正式在空军服役。其中一位的座机在一次空战中迫降于广西边境。林徽因在该信中述及此事。

致费慰梅、费正清

＜一九三九年四月十四日＞

April 14, 1939

9 Post office St. Kunming

Dear, dearer and dearest Wilma and John,

…[①] Every dear young aviator friend was there in the thick of the fight, which was the bravest as we found out later. He went after the enemy planes all the way out to the border with a faulty meter indicating his gas. He did not return till he shot down two and see them went down, miscalculated his gas. He had a forced landing two stations out and did not come back till the third morning by a slow train. We slept badly during the two nights he was missing. But were more than elated to see him again with a slightly injured jaw and to hear first hand news of the battle and its results, while the whole town is still rather vague about it.

I tell you these young boys are courageous pure heart souls with very direct and simple faith in our country and enviable, but trained to use their skills simply to give up their lives simply if it needs be. They are very reticent boys; every one of them those who

① 此处有删节。

knew us have somehow grown attached to us in a very naive way, lot of affection have sprang up between us.

Many of them have no relatives in Kunming. They come to us or write to us like to their closest family. Many we know are away doing active work; some are here protecting our very lives in Kunming. One of them wrote to you about who plays very good Violin, most affectionate and winning one is now engaged to be married. Don't ask me what is going to happen to his girl if he marries and if something happen to him. We just can't answer things like that.

…[①]

To make up for the long silence I let this letter go out like this!

With love to you both from Phyllis、思成[②]

① 此处有删节。

② 此处原稿即为中文。

［译文］

最最亲爱的慰梅和正清：

……每天，我们这位年轻的飞行员朋友都在进行激烈的战斗，后来我们发现他是最勇敢的一个。他凭借显示错误的燃油表一路尾随敌机至边界，直到击中了两架，眼看着它们迅速往下栽落，这才返回。因为错算了燃油量，他在一个有两个火车站距离的地方迫降，直到第三天早晨，他才乘一趟慢车回到昆明。在他失踪的两天夜里我们都睡不好觉，但又看到他，只是下巴受了点轻伤，真是喜出望外。了解到这次空战的一手消息和结果，而全城对此都还浑然不知。

这些孩子士气很高、心地单纯，对我们的国家和这场战争抱着直接和简单的信心。他们所受的训练就是让他们在需要时能够不假思索使用自己的技能并献出自己的生命。他们个个都沉默寡言。不知怎的，他们都以一种天真的孩子气依恋着我们。我们之间产生了很深的亲情。

他们中的大多数在昆明没有亲人。他们来看我们或给我们写信，好像我们是他们的家里人。其中很多人去了前线，有的则在昆明保卫着我们的生命。有一位我告诉过你的，小提琴拉得很好，人特别可爱，最近决定要结婚了。不要问我如果他结了婚又出了事，他的女朋友会怎样。我们就是无法回答这类问题。

……

作为对我许久沉默的补偿，我给你们写了这样一封信！

爱你们的菲丽丝和思成

一九三九年四月十四日 昆明巡津街九号

致费慰梅、费正清

＜一九四〇年九月二十日＞

Sept. 20, 1940

Kunming

Dearest Wilma and John,

Reading your latest letter of August made me tearfully aware again your characteristic lump of unalterable affection for all of us here, who after such long silent interval of time, and in the face of such vast span of space, do not think that we deserve more than a fraction of the lump. Pains and pleasures and memories of all kinds sprang up from nowhere and got stuck in my eyes and nose and throat. The feeling is a welcome thrill for me, but it tore a hole in me, and forced me to sink in tears and make the best I can. I can't even swim, as Alice in Wonderland could in her own tears. Tears can drown me if there is a suspicion of sentimental current about!

I happened to be sick, or rather retired to bed with a terrible headache resulted from long days of struggle in the kitchen, when your letter to me was brought from the city by Lao-Chin, who casually waved the note-papers before me. It was nearing twilight. As soon as I read the first paragraph tears blocked out all lights before me, I just could not help it. My reaction was: How very "Wilma" is Wilma still. Whatever that may mean, it is something I am not able to express, except by being somewhat a fool sobbing into my pillow. To make the matter more heart-wringing, Lao-Chin came into the already darkened room, first talked of this and that then led the subject to the despairing most problem of our immediate decision to move out of Yung-Nan as we are ordered by the ministry of education, then launched into our embarrassing financial situations. I was not at all intelligent about what he was driving at till he said something about having some how came into possession of a hundred dollars in gold which we—the Liang family—can make use of etc, Ssu-cheng immediately enquired whether he got it through writing an article in English, which fact Lao-Chin denied. At this point I have already guessed the truth, Lao-Chin is never any good for a liar or a well intended conspirator for one thing, and what you two are capable of doing is well known to us, for another, I sensed the conspiracy right away. I began swimming in earnest, Alice-fashion! Since things stood this way you must now face my "long sad tail" as well.

But before I go on, I would like you to be clear about two points. First and foremost You and John are absolutely the dearest of the dearest kind of people which are not many to begin with, second your present has come just at the nick of time when we do really in bad need of it which fact makes it the more heart-wringing, and gratefully appreciated. What amazing consideration you have for us, and what a wretched recipient we feel we are in the whole ocean of oceanic barrier! No tears could help any feelings at this stage, I just feel limp and exhausted with the most inexpressible feeling to express all that is choking me since, if that will convey anything to you, here it is... wordless!

Reading your last made me also wonder whether unconsciously all my recent letters to you inclined to be either nonsensical or flip pant. If so, please forgive me. The tendency to be incoherently Light and nonsensical was perhaps due to the fact that I wanted to maintain a reasonable cheerful strain in whatever I had to tell you, while I was not so cheerful about anything, even it may not lack comical aspects. Reality is too often painful. Unlike our dear old Lao-Chin, with his characteristic expressive command of English, ample sense of humor, thoroughly comfortable acceptance of things, covering all kinds of information at random, who has a warm ready laugh saved for friends at any unexpected comer. I was afraid if I had let myself go, the result would be a disastrously dull long letter, filled with grim details badly put, with nothing to relieve them.

It is so hard to put in a nut-shell letter to you, the picture of our lives here. Situations change too quickly, moods fluctuant in reflection. Emotionally we simply center on nothing but what passed by at the moment before us, with a vague ache for everything we valued and still take to be the best, and the most dependable qualities of life.

This feeling is invaluable and much needed here. We must casually allude to Wilma or John when we talk, and bring them very much to the foreground.

Your letter came this time a day before the moon-festival, the weather at this point was turning cool, with more and more Autumnal glow or flooding light, scenery was glorious. Everywhere fragrance edged the air-wild flowers remind one of thousands of the nicest feelings long forgotten. Any morning and afternoon the sun steals in curious angles to one's aching sense of awareness of quiet and beauty amid a helpless world of confusion and disaster. Wars, especially our own, loom larger than ever, close to our very skin heart and nerve! And now it is festival time, it seems more like an irony of... Logic (Don't let Lao-Chin see this).

Lao-Chin is giggling away in his room after hearing this by accident and said that this combination of words should be nonsense, but some-how isn't my defense is that "logic" should be often lightly used like any other words not tucked away, as he so often made it, like a miser. Lao-Chin is in his summer vacation, so has been for the last month out in the country with us. The more accurate truth being that he is "dormitory-less" like most of the professors of S. W. Univ. during this gap, they termed it "vacation", freed from classes but pestered and forced to worry about moving immediately to Sze-Chuan.

We are now residing in a newly built cottage, at the end of a fair-size village 8 kilos N. E. of Kunming city, with considerable sceneries around and no military objective. Next a raised dyke, lined with tall straight pines li[①] those in old paintings. Our house includes three large rooms, a kitchen where I principally involved, and a maid's room, which lies vacant, since no servant could be secured all these months now (though theoretically we still can afford, but actually beyond our means, about 70 dollars a month). During this spring, Lao-Chin has one extra "ear-room" built, attached to our main house, on one side. Thus the whole of Peitsung-Pu-Hutung group is at present intact, but heaven knows for how long now!

This house has unexpectedly cost three times the amount it was said to cost us, so exhausted our funds which were little enough. This put Ssu-cheng and me in a rather amused state of embarrassing despair. (This is correct expression I think.) The house at the final

① 原件有缺。

stage of construction became a little comical though not unexciting. All those friends, who built similar cottages like ours in this neighborhood, delighted in pointing out to each other, each of our specific phase of ridiculous difficulty. Our house was built last of all, so in the end, we have to struggle for each plank of wood each piece of brick even each piece of nail required. We have to help in carrying material and actual carpentry and masonry, in order to move under the roof which does not even "cover the wind or the rain" according to classical definition you must have heard Ssu-cheng lectured.

However we are now very much in the new house some aspects of it is not without beauty, or comfort. In an amused way we are fond of it even sometimes, it seems that nothing short of a visit from Wilma and John, would do it justice! For it takes true friends to appreciate its real inborn qualities! I must stop here, will type the rest of the eight hand-writing papers out later, because Lao-Chin is waiting for it to go into town to mail his letter to Dolly. I have not a chance yet to write her, which I wanted very much.

My best love to everyone around there in America, specially Winthrop Street and included. When you write next I may not even be in this house or this province. For we are again going to take hard, land to mountain. Kuei-Chow then to Sze-Chuan.

Phyllis, with love,

［译文］

亲爱的慰梅和正清：

读着你们最近来的八月份的那封信，我热泪盈眶地再次认识到你们对我们所有人不变的深情，这深情带有你们的人格特点，而我们，经过这么长久的沉默，又如此天各一方，真觉得自己配不上这份情意。种种痛苦、欢乐和回忆泉涌而来，哽在我的眼底、鼻间和喉头。那是一种欣慰的震撼，却把我撕裂，情不自禁地泪如雨下。我甚至不能像《爱丽丝梦游奇境记》中的爱丽丝那样在自己的泪水里游泳。如果那里面有一股感伤的潮流，泪水就会把我淹死。

我赶巧生病了，或者说由于多日在厨房里奋斗使我头疼如裂，只得卧床休息。老金把你们的信从城里带来给我，他不经意地把信在我面前晃了晃。天已经快黑了，我刚读了第一段，泪水就模糊了我的视线，我实在忍不住。我的反应是：慰梅仍然是那个“慰梅”。不管这意味着什么，我无法表达，只能傻子似的在我的枕头上哭成一团。老金这时走进已经暗下来的屋子，使事情更加叫人心烦意乱。他先是说些不相干的事，然后便说到那最让人绝望的问题——必须立即做出决定，教育部已命令我们迁出云南，然后就谈到了我们尴尬的财政状况。我根本没有明白他在说些什么，直到说起他不知怎么有了一百美元，而这笔钱我们——梁家可以用等等。思成立即问他是不是因为写了一篇英文文章得到了这笔钱，老金不承认。到此我已猜出了真相。他从来不善说谎或搞什么阴谋。我们很清楚你们两人能够为我们做什么，所以我立刻明白了这阴谋之所在。于是我禁不住像爱丽丝一样号啕大哭起来。既然如此，那你也就得听我讲讲我那辛酸的故事。

在我继续往下讲之前，你们得先明白两点。第一，也是最重要的，你和正清首先绝对是少有的最亲近和最亲爱的那种人。第二，你们的礼物来得正是我们最最需要的时候，这使我们更加心情激动并特别特别感激。你们怎么会为我们想得这么周到！在大洋此岸的芸芸众生之中，作为受惠者我们觉得自己是多么微不足道。泪水不足以表达我此时的感受。我只因为无力表达所有积在心中使我窒息的感受而感到麻木和极度疲倦。如果有什么能向你们表达，那就是——无言。

读了你们最后的来信使我想，我最近给你们的信是不是无意中太无条理、太轻率了。如果是这样，请原谅我。我想不论告诉你们什么事都保持一种合理的欢乐语气，而我又并不是对什么事都那么乐观的，尽管有些事并不乏某些喜剧色彩，其结果可能就使得我的信有一种不协调的轻浮和无条理。现实往往太使人痛苦。不像我们亲爱的老金，以他具有特色、富于表现力的英语能力和丰富的幽默感，以及无论遇到什么事都能处变不惊的本领，总是在人意想不到的地方为朋友们保留着一片温暖的笑。我很怕如果放任自己这样写下去，这封信将会灾难性地变得又长又枯燥，塞满生硬的细节而无法解脱。

很难言简意赅地在一封信里向你们描述我们生活的情景。形势变化极快，情绪随之起伏。感情上我们并不特别关注什么，只不过是随波逐流，同时为我们所珍惜、认为生活中所不可或缺的某些最好的东西感到朦胧的悲伤。

这种感觉在这里是无价的和不可缺少的。在我们谈话时总是不经意地提到慰梅和正清，并把他们放在显著的地位。

你们这封信来到时正是中秋节前一天，天气开始转冷，天空布满越来越多的秋天的泛光，景色迷人。空气中飘满野花香——久已忘却的无数最美好的感觉之一。每天早晨和黄昏，阳光从奇异的角度偷偷射进这个充满混乱和灾难的无望的世界里，人们仍然痛苦地感觉到安静和美。战争，特别是我们自己的这场战争，正在前所未有地、阴森森地逼近我们，逼近我们的皮肉、心灵和神经。而现在却是节日，看来更像是对——逻辑——的一个讽刺（别让老金[①]看到这句话）。

老金无意中听到了这一句，正在他屋里咯咯地笑，说把这几个词放在一起毫无意义。不是我要争辩，逻辑这个词就应当常像别的词一样被用得轻松些，而不要像他那样，像个守财奴似的把它包起来。老金正在过他的暑假，所以上个月跟我们一起住在乡下。更准确地说，他是和其他西南联大的教授一样，在这个间隙中“无宿舍”。他们称之为“假期”，不用上课，却为马上要迁

① 金岳霖是逻辑学教授。

到四川去而苦恼、焦虑。

我们正在一个新建的农舍中安下家来。它位于昆明市东北八公里处一个小村边上，风景优美而没有军事目标。邻接一条长堤，堤上长满如古画中的那种高大笔直的松树。我们的房子有三个大一点的房间，一间原则上归我用的厨房和一间空着的用人房，因为不能保证这几个月都能用上用人，尽管理论上我们还请得起，但事实上超过了我们的支付能力（每月七十美元左右）。这个春天,老金在我们房子的一边添盖了一间“耳房”。这样，整个北总布胡同集体就原封不动地搬到了这里，可天知道能维持多久。

出乎意料地，这所房子花了比原先告诉我们的高三倍的钱。用去我们刚刚够花的积蓄，使思成处在一种可笑的窘境之中（我想这种表述方式大概是对的）。在建房的最后阶段事情变得有些滑稽，虽然也让人兴奋。所有在我们旁边也盖了类似房子的朋友[①]，高兴地互相指出各自特别啰唆之处。我们的房子是最晚建成的，以致最后不得不争取每一块木板、每一块砖，乃至我们需要的每根钉子。为了能够迁入这个甚至不足以“蔽风雨”——这是中国的经典定义，你们想必听过

① 指当时在龙头村自建这种土坯小房的还有原中央博物院考古学家李济、西南联大政治学教授钱端升等。

思成的讲演——屋顶之下，我们得亲自帮忙运料、做木工和泥瓦匠。

无论如何，我们现在已经完全住进了这所新房子，有些方面它也颇有些美观和舒适之处。我们甚至有时候还挺喜欢它呢。但看来除非有慰梅和正清来访，它总也不能算完满。因为它要求有真诚的朋友来赏识它真正的内在质量。我必须停笔了，将把其余的八页手写稿打出来。因为老金等着要把他给道丽的信寄走。我没有机会给她写信了，但我很想写。

向在美国，特别是在温丝罗普街[①]的朋友们致以我最真诚的爱。等你下次来信时我也许已不在这所房子，甚至不在这个省里了，因为我们将乘硬座长途汽车去多山的贵州，再到四川。

爱你的 菲丽丝

一九四〇年九月二十日 昆明

① 温丝罗普街：费慰梅和费正清在美国康州坎布里奇市住宅所在街名。

致费慰梅、费正清

＜一九四〇年十一月＞

Nov. 1940

Kunming

Dearest Wilma and John,

In September I wrote you a long long letter and half of it was typed one and mailed. Then later a short note introducing a certain Mr. Bien who wrote a short story and wanted your help. I am in a persistent mood and write to you these days but I am always busy in a sense you would not quite know from what you have known of our lives before and so always have to postpone the writing. It is terribly sad. There are such a lot of things worth telling here not about ourselves but about all sorts of friends who had all sorts of work and novel living conditions, now the war is more than three years old—you can hardly imagine what that means.

My heart is still so forced and bound up with you in your American home that sometimes it is hard to bear our separate over such long period of time. The end of this terrific war seems still a bit far off even we apply as much of wish-hope as we can onto any news we can gather from the papers. Japs are near exhaustion, but not near enough to please us. I am not a person to look back much, but even I am now only homesick, and we are going to Sze-Chuan! Could that be another 2 or 3 year's affair?! Time seems to drag so.

Bombings are getting very bad now but don't worry, we are alright. We have much more chance to be safe than to be hurt really. We just felt numb or alert as the case turned out to be. Japs bombers or the machine gunning from this pursuit plane, are all like quick rains one can set one's teeth against compresses lips and let it pass over. Right over head or farer away they are all the same, a sick sensation in that day. Poor Lao-Chin who has to have classes in the mornings in the city—often started from this village at five thirty in the morning then to run into an air-raid before the classes even started then to walk out with a crowd toward another city-gate, toward another hill, in another direction, till five thirty in the afternoon and then to walk in round-about routes to get back to this village without having food or work or rest or anything for that matter! Such is life. George was fool enough to go to Shanghai to attend private business and was captured by the Japs and was all beaten up and went through horror in Prison. His wife is still here, we just saw her off Hong Kong bound. George is now released but when to return here is doubtful under watchful eye. Such is also life. But friend "Icy Heart" is flying to Chung King to take up an official job there (as nonsensical and useless as anything can be) and she is taking her whole household and people on an aeroplane and whole household of things on a chartered truck through maneuvering when hundreds of people on real important jobs are not allowed to travel on account of our limited gasoline problem at present. She must be very valuable to our country indeed! Sorry to disclose such an unattractive news! Things vary here from the very gutty to the very discouraging wasteful not. Such is life too.

We are leaving for Sze-Chuan by riding a truck astride-wise with 31 people ranging from 70 years old to a new born baby with only 80 kilo luggage allowance for the entire family[①] And I am leaving all

① 以下原件不清。

my friends I have known ten years. It is too[1]

All my love ever ever

phyllis

［译文］

最亲爱的慰梅和正清[2]：

九月间我给你们写了一封很长很长的信，其中一半是打字的并已经寄出。后来又有一封短笺，介绍某位卞先生，他写了一篇短篇小说，想请你们帮助。这些天我始终有一种要给你们写信的冲动，但总是忙于一些你们按我过去的生活所不能完全理解的事，所以总是拖了下来。这让我非常伤心。有那么多的事值得向你们讲，不是关于我们自己，而是关于各种各样的朋友的，他们有过各种各样的工作和新的生活境遇。现在战争已经进行了三年多——你们很难想象这意味着什么。

我的心依然强烈地和在美国家中的你们联系在一起，我们这样长久地分离有时真叫人难以忍受。尽管我们对所收集到的任何一点报纸消息满怀希望，但是看来这场可怕的战争离结束还很远。日本鬼子消耗得差不多了，但还没消耗到能让我们高兴的程度。我不是一个老往后看的人，即便这

① 以下原件不清。

② 写此信时，梁、林为躲避日军轰炸，住在昆明郊外龙头村。

样我现在也总是想家，而我们现在要到四川去了！那会不会又是两三年的事呢？时间好像在拖延。

轰炸越来越厉害，但是不必担心，我们没有问题。我们逃脱的机会比真的被击中的机会要多。我们只是觉得麻木了，但对可能的情况也保持着警惕。日本鬼子的轰炸或歼击机的扫射都像是一阵暴雨，你只能咬紧牙关挺过去，在头顶还是在远处都一个样，有一种让人呕吐的感觉。可怜的老金每天早晨在城里有课，常常要在早上五点半从这个村子出发，而还没来得及上课，空袭就开始了，然后就得跟着一群人奔向另一个方向的另一座城门、另一座小山，直到下午五点半，再绕许多路走回这个村子，一整天没吃、没喝、没工作、没休息，什么都没有！这就是生活。乔治[①] 蠢到会为了家事跑回上海，结果被日本鬼子抓了起来，在监狱里挨了打，经历了可怖的事。他的妻子还在这里，我们刚把她送往香港。乔治已被释放，但在监视之下什么时候能回到这边还很难说。这也是生活。但是朋友“Icy Heart[②]” 却将飞往重庆去做官（再没有比这更无聊和无用的事了），她全家将乘飞机，家当将由一辆靠拉关系弄来的注册卡车全部运走，而时下有成百担任真正重要

① 即叶公超，曾为西南联大外语系教授。

② 指冰心女士。

职务的人却因为汽油受限而不得出行。她对我们国家一定是太有价值了！很抱歉，告诉你们这么一条没劲的消息！这里的事情各不相同，有非常坚毅的，也有让人十分扫兴和无聊的。这也是生活。

我们将乘卡车去四川，三十一个人，从七十岁的老人到一个刚出生的婴儿挤一个车厢，一家只准带八十公斤行李……[①] 而我将离开这些认识了十年的朋友，这太……[②]

永远爱你们

菲丽丝

一九四〇年十一月 昆明

① 此处原信字迹不清故省略。

② 此处原信字迹不清故省略。

致费慰梅、费正清

<一九四一年八月十一日>

*此信系节选。

August 11, 1941

Li-chuang

Dearest Wilma and John,

Even though I am almost 100% sure that the japs will not drop any bombs over this little out of-the-way village-town Li-chuang, yet the 27 planes that flew right over our heads an hour ago with that indescribable droning sound give me still the creeps—that queer sensation of being afraid of being hit any moment. They have gone up-stream, bombed somewhere, probably 宜宾①, and back again now over our head with the same leisurely flight with that menacing drone, and deadly purposiveness. I was going to say that this makes me sick, then I realized that I am already very sick, and this only makes me momentarily sicker, with a slight rise of temperature and uncomfortable quickening of heart beats. … You can tell from what I have just described that none of us can ever be remote from war, at any point in China

① 此处原文系中文。

today. We are integrally bound up with it whether or not we are doing the actual fighting.

…[①] I am fortunate enough to have a country maid who is good and faithful, very young and nice-tempered. But if you have cnly 7 old pillow cases and about that number of sheets of different sizes and strength among 5 members of the family, and knowing that white cloth is as unavailable as gold leaf in the market, you would not like the shock of seeing half of the sheet and two of the pillow cases in shreds after one vigorous—evidently conscientious—washing. Or when you know that buttons are unavailable in any shop, you won't like to see many 1/2-buttons dangling on shirt fronts after the laundry. We don't like to see either old shirts too strained and haggard after each washing when the price of any shirt is $40 up. This applies ad infinitum, to food as well as household articles of any kind, in the hand of this maid. Of course, whenever we can, we use the unbreakable, but nothing seems to be unbreakable, and everything is either terribly costly or irreplaceable.

Slow tempered and always prefers to handle any

① 此处有删节。

work one item at a time, Ssu-cheng is least capable of taking care of household odds and ends. And odds & ends there are galore, rushing at him like different train pulling into Grand Central at any time. I am still the station master of course, though he may be the station! I might be run over, but he can never be. Lao-Chin is that sort of visitor who is either seeing people off or meeting someone at the train, slightly disturbing to the traffic, but make the station a little more interesting place and the station master a little more excitable.

At this point, Lao-Chin thinks he ought to say something since his presence here is made known to you.

phyllis with all her love

August 13

"Grand Central Station"

In the presence of the Station Master, and the Station typing, the passenger is too dazed to say anything except watching the trains rushing by. I must say that it is very strange railway management. I have passed through the Grand Central Station in New York many a time without having seen even once the station master, but here both architecturally and otherwise, the station master and station may be mistaken for each other.[①]

Now it is the Station' turn. With the main ridge—purlin considerably defected due to faulty construction, and with ugly, steel buttresses designed and executed by PUMC, now considerable weathered after 7 years of service, the heavy war-time traffic underneath seems to shake my very foundations. So much for the station aspect.[②]

［译文］

最亲爱的慰梅和正清：

尽管我百分之百地肯定日本鬼子绝对不会往李庄这个边远小镇扔炸弹，但是，一个小时之前这二十七架从我们头顶轰然飞过的飞机仍然使我毛骨悚然——有一种随时都会被炸中的异样的恐惧。它们飞向上游去炸什么地方，可能是宜宾，现在又回来，仍然那么狂妄地、带着可怕的轰鸣和险恶的意图飞过我们的头顶。我刚要说这使我难受极了，可我忽然想到，我已经病得够难受了，

① 本段为金岳霖附言。

② 本段为梁思成附言。

这只是一时让我更加难受，体温升高、心跳不舒服地加快……眼下，在中国的任何角落也没有人能远离战争。不管我们是不是在进行实际的战斗，也和它分不开了。

……我们很幸运，现在有了一个农村女佣，她人好、可靠，非常年轻而且好脾气，唯一缺点是精力过剩。要是你全家五口只有七个枕套和相应的不同大小和质地的床单，而白布在市场上又和金箔一样难得，你就会在看到半数的床单和两个枕套在一次认真地洗涤之后成了布条，还有衬衫一半的扣子脱了线，旧衬衫也被揉搓得走了形而大惊失色。这些衬衫的市价一件在四十美元以上。在这个女佣手里各种家用器皿和食物的遭遇都是一样的。当然我们尽可能用不会打碎的东西，但是看来没有什么是不会碎的，而且贵得要命或无可替换。

思成是个慢性子，愿意一次只做一件事，最不善处理杂七杂八的家务。但杂七杂八的事却像纽约中央车站任何时候都会到达的各线火车一样冲他驶来。我也许仍是站长，但他却是车站！我也许会被碾死，他却永远不会。老金（正在这里休假）是那样一种过客，他或是来送客，或是来接人，对交通略有干扰，却总能使车站显得更有趣，使站长更高兴些。

就这点来说，既然你已知道老金也在这里，他觉得自己还有几句话要说。

爱你们的菲丽丝

一九四一年八月十一日 李庄

当着站长和正在打字的车站，旅客除了眼看着一列列火车通过外，竟茫然不知所云，也不知所措。我必须说这是一种非常奇怪的铁路管理。我曾不知多少次经过纽约中央车站，却从未见过那站长。而在这里却实实在在地既见到了车站又见到了站长。要不然我很可能会把它们两个搞混。（金岳霖附言）

八月十三日 中央车站

现在轮到车站了：其主梁因构造不佳而严重倾斜，加以协和医院设计和施工的丑陋的钢铁支架经过七年服务已经严重损耗，从我下面经过的繁忙的战时交通看来已经动摇了我的基础。（梁思成附言）

致费正清

＜一九四三年六月十八日＞

*此信系节选。一九四三年春，研究中国古代科技史的英国学者李约瑟来到李庄访问中央研究院历史语言研究所、中央博物院和中国营造学社。

June 18th, 1943

Li-chuang

Dearest John,

…[①] Professor Needham has been and fed on a fried duck and departed. At first most people were inclined to bet with each other, on whether or not Professor N. was ever to smile during his stay in Li-chuang. I admit that Li-chuang is not an over exciting place, but still we might have reason to expect one little smile from so ardent a lover of Chinese early science, who had taken all the trouble to come to China during such a war. Finally one smile broke through the conversation, when the worthy professor was in the company of Mr. and Mrs. Liang who sat up in bed, he was much delighted that Mrs. Liang speaks English with an Irish accent, he said. I was not aware that the English likes the Irish so much before! Later in the afternoon, on the last day of his visit, when tea was served with little cakes in the National Museum

① 此处有删节。

(according to Mrs. Liang's suggestion of course) Prof. N. was said to be even lively. Such was the proof of the English people's love of tea.

…[①]

Many have remarked that Liang Ssu-cheng should be given the Nobel Prize for peace this year for having successfully brought about a very friendly handshake between Dr Tao Men-Ho, and Dr Fu Hisnien. It was moment just before Prof N. was to deliver a lecture in the academia Auditorium. Many clapped their hands in secret, according to report. Dr Li Chieh went up to shake Liang Ssu-cheng's hand and awarded him privately the Nobel Prize for peace.

Yet after reading Tolstoy's pains-taking record of human beings between the years of 1805 to 1812 in an area between Petersburg and Moscow, I had to admit that human beings in Li-chuang and Chunking or Kunming or Peiping or Shanghai, between the years 1922 to 1943 are terribly similar to those described in "War and Peace" of a century ago in outlandish Russia even. So why not reconcile with it all. I mean life and people in general.

Love phyllis

① 此处有删节。

［译文］

亲爱的正清：

……李约瑟教授刚来过这里，吃够了炸鸭子，已经走了。开始时人们打赌说李教授在李庄时根本不会笑。我承认李庄不是一个会让人过分兴奋的地方，但我们还是有理由期待一个在战争时期不辞辛苦地为了他所热爱的中国早期科学而来到中国的人会笑一笑。终于，这位著名教授和梁先生及夫人（当时卧病在床）见面时露出了笑容。他说他非常高兴，因为梁夫人的英语竟有爱尔兰口音。而我从不知道英国人对爱尔兰还有如此好感。据说最后一天下午，在中央博物院的院子里受到茶点招待时（当然是根据梁太太的建议），他更为活跃。可见英国人爱茶之甚。

……

许多人曾说，梁思成本应被授予今年的诺贝尔和平奖，因为他在李约瑟中央大礼堂演讲会上，成功地使平时有隙的陶孟和与傅斯年握手言和。大家为这个消息悄悄鼓掌。李博士走上前握着梁思成的手，私下里授予他“诺贝尔和平奖”。

在读了托尔斯泰关于一八〇五到一八一二

年在彼得堡和莫斯科之间的各色人等的详尽描写之后，我必须承认，在一九二二和一九四三年之间，李庄、重庆或昆明或北平或上海的各种人物，与《战争与和平》中所描写的一个世纪以前，甚至在遥远的俄罗斯的人们是何等地相似。所以，为什么不让他们都和解呢——我一般指的生活和人们。

爱你的菲丽丝

一九四三年六月十八日 李庄

致费正清

< 一九四六年一月 >

*此信系节选。第二次世界大战结束后，林徽因自重庆致信费正清。

Jan. 1946

Chongqing

Dearest John,

…① China is my country, and I have suffered in seeing it being torn this way and that way for so long, and I myself with it. We have suffered and born great many pains all these years to live in the midst of one revolution then another during all the years of one's life, is no joke at all, maybe that is the reason when I detect someone being just casual about something the consequence of which could affect millions of us, it makes me seriously unforgiving.

I have waited patiently in bed for the last four years for nothing but the "victory day", what followed this V. day I did not stop to think—I daren't think too much on it, now it has come, and together it brought our civil war, and what is worse, a real tear and wear for a long time to come. It is more than unlikely I would live to see one peaceful day (in the sense I

① 此处有删节。

have always hopefully been looking forward to seeing it realized). It is rather hard for me just to fret in ill-health till I pass out. It isn't that I didn't have the better living of the mass in mind; it isn't that I don't believe in revolutionize great many of our systems etc. It is the war, war, big and small, war, here and there, war, day in and day out, that I can't bear anymore.

Ever Whei

［译文］

最亲爱的正清：

……正因为中国是我的祖国，长期以来我看到它遭受这样那样罹难，心如刀割。我也在同它一道受难。这些年来，我忍受了深重的苦难。一个人一生经历了一场接一场的革命，一点也不轻松。正因为如此，每当我觉察有人把涉及千百万人生死存亡的事等闲视之时，就无论如何也不能饶恕他。

我卧床等了四年，一心盼着这个"胜利日"。接下去是什么样，我可没去想。我不敢多想。如今，胜利果然到来了，却又要打内战，一场旷日持久的消耗战。我很可能活不到和平的那一天了

（也可以说，我依稀间一直在盼着它的到来）。我在疾病的折磨中就这么焦躁烦躁地死去，真是太惨了。这并不是说我未享有大众心目中的美好生活，这并不是说我不相信需要彻底变革我们的许多体系。是战争，大大小小的战争、遍布四处的战争、日复一日的战争，我不能再忍受了。

永远爱你的徽因

一九四六年一月 重庆

致费慰梅

< 一九四六年二月二十八日 >

*此信系节选。一九四六年二月，林徽因带病重访昆明时，致信当时在重庆美国使馆新闻处工作的费慰梅。

Feb. 28th, 1946

Kunming

staying with Chang Shiro to Mar. 2

Dearest Wilma,

…[①] I am at last again in Kunming, of the three things I came here for, one at least has been thoroughly realized, as you know, I came here to have a good opportunity to become well, then I came to see the uniquely glorious lights and colors of this sun-soaked wind-teased and flower-filled city and lastly, and not least, I came not only to see again but to communicate with my old friends, the first two objectives were not yet realized, since I am still as sick as, and even less well than when I was in Chongqing, and have been confined to bed ever since my arrival. But of the last, I do now enjoy more than ever, when I had hoped that I would be able to enjoy, but even the most extravagant hopes I had entertained when I was alone in Li-chuang and be compared with the real and over-whelming

① 此处有删节。

delightful experience of these days.

It took 11 days to get all sorts of odd information of both the lives progressing along under to special circumstances of Kunming and the lives lived in their inevitable pattern in Li-chuang community straightened out for the convenience of the conversing friends now at last meet and gather here, the old bridge of deep mutual love and understanding set up and expanded in less time than any of us has expected it to take. In two days or so, we know very perfectly where each of us has been emotionally and intellectually.

Views on national political situations, family economics, persons and societies, in and out of wars in general, were freely discussed and none of us has difficulty understanding how each of us come to feel and think that way. Even when the conversations were most ramble, there is always between the several of us that soothing flow of limpid current of mutual confidence and interest, not to say the added new gratification and fresh stimulations which are the result of this sudden coming together at an eventful time.

...[①] Not until this time was I aware of the

① 此处有删节。

delights of ancient (say TANG or Sung,) poets who had lacked means to travel, suddenly encountered their friends en route to their meager official poets here and there in a little inn, or on the same river in boats, or in a temple with monks as their hosts. How they had poured out their souls to each other in their long talks!

Our age may be different from theirs, but our meeting this time has many similar points, we have all aged greatly, gone through peculiar form of poverty and sicknesses, endured long war and poor communications and are now apprehending great national strife, and a difficult future.

Besides, we meet at a place distant from our home and where we were compelled to live by circumstances and not by choice, the longing for going back to the place where we spent are happiest times, are somewhat like the Tang people for their 长安[①], and Sung people for their 汴京[②], we are torn and shattered, we emerged through various trials with new integrity good, bad or indifferent; we have not only tasted life, but have been tested by its grimness and hardship. We loose much of our health though none of our faith, we

① 此处原文系中文。

② 此处原文系中文。

know now certain enjoyment of life and suffering are one.

…① How am I to describe it all?!!! Everything that is most beautiful standing sentry all around the garden, up in the clear blue sky and down below the cliffs and beyond to where the hills are. …② Kunming is and is still being Kunming, and this garden knows its own charms. The only question remained…③ be myself which is unfortunately still too cock-eyed in health and spirit. That my breathing should be like this after coming here…④ was a surprise and disappointment, but according to…⑤ Li-chi Tung. I would…⑥ accustomed to the height and the pounding of heart beats would be restored to normal, and breathing quiet down.

This is my tenth day in this new house. I have already grown so used to this place that now I have lost the urge to describe to you the variety of furniture, the ingeniousness furnishing in this room, the room is so spacious and the window so large that it has an effect of early Gordon Greig stage design. Even the sunlight in the afternoon seemed to have obeyed his instruction by coming through the window in a certain illusive

① 此处有删节。

② 此处有删节。

③ 以下原件不清。

④ 以下原件不清。

⑤ 以下原件不清。

⑥ 以下原件不清。

manner with splashes of faint moving shadows thrown on the ceiling by the swaying branches outside. ①

If only Lao-Chin and I would invent dialogue to suit, it could have been a part of a masterpiece of a drama. I am sure. But he sat at present at a little round table with his back against the light and myself (hat on as usual), and intent on his writing.

Since I am not allowed to talk at all, then I manage to have a little more than allowed my ration. This so called "conversation" is often slack and broken and really not doing justice to this setting, but then such is life. … The height and whatever it is that is so trying to me, made me so short breathed that often I felt like one who had just run for many miles. I had to be ever so much more quiet than when I was down in Sichuan, in order to give myself the rest I need.

All my love to you and J.

Phyllis

［译文］

最亲爱的慰梅：

……我终于又来到了昆明！我来这里是为了

① 本部分文字系林徽因对张奚若为她安排居住的唐家花园的描述。

三件事，至少有一件总算彻底实现了。你知道，我是为了把病治好而来的，其次，是来看看这个天气晴朗、熏风和畅、遍地鲜花、五光十色的城市。最后，但并非最不重要的，是和我的老朋友们相聚，好好聊聊。前两个目的还未实现，因为我的病情并未好转，甚至比在重庆时更厉害了——一到昆明，我就卧床不起。但最后一件我的享受远远超过了我的预想。这次重逢所带给我的由衷的喜悦，甚至超过了我一个人在李庄时最大的奢望。

我们用了十一天才把在昆明和在李庄这种特殊境遇下大家生活中的各种琐碎的情况弄清楚，以便现在在我这里相聚的朋友的谈话能进行下去。但是那种使我们得以相互沟通的深切的爱和理解却比所有的人所预期的都更快地重建起来。两天左右，我们就完全知道了每个人的感情和学术近况。

我们自由地讨论着对国家的政治形势、家庭经济、战争中沉浮的人物和团体，很容易理解彼此对那些事为什么会有那样的感觉和想法。即使谈话漫无边际，几个人之间也情投意合，充溢着相互信任的暖流，在这个多事之秋的突然相聚，又使大家满怀感激和兴奋。

……直到此时我才明白，当那些缺少旅行工

具的唐宋时代的诗人在遭贬谪的路上，突然在什么小客栈或小船中或某处由和尚款待的庙里和朋友不期而遇时的那种欢乐，他们又会怎样地在长谈中推心置腹！

我们的时代也许和他们不同，可这次相聚却很相似。我们都老了，都有过贫病交加的经历，忍受了漫长的战争和音信的隔绝，现在又面对着伟大的民族奋起和艰难的未来。

此外，我们是在远离故土，在一个因形势所迫而不得不住下来的地方相聚的。我们渴望回到曾度过一生中最快乐的时光的地方，就如同唐朝人思念长安、宋朝人思念汴京一样。我们遍体鳞伤，经过惨痛的煎熬，使我们身上出现了或好或坏或别的什么新品质。我们不仅体验了生活，也受到了艰辛生活的考验。我们的身体受到严重损伤，但我们的信念如故。现在我们深信，生活中的苦与乐其实是一回事。

……我该如何描述啊？！！！所有最美丽的东西都在守护着这个花园，如洗的碧空、近处的岩石和远处的山峦……昆明依旧是那样的昆明，这花园展现出它独有的魅力。唯一的问题是，……我自己的不幸，我不健全的肉体和心灵。自来后，我的呼吸应像这样……是令人惊讶和失望的。但根据……我会习惯这里的海拔和剧烈的心跳，并且会恢复到正常，呼吸也会逐渐平静下来。

这是我在这所新房子里的第十天。我已经适宜待在这里，以致我失去了向你描述房间里各样家具和精巧陈设的冲动。这房间宽敞、窗户很大，使它有一种如戈登·克雷早期舞台设计的效果。甚至午后的阳光也像是听从他的安排，幻觉般地让窗外摇曳的桉树枝丫把它们缓缓移动的影子映洒在天花板上！

如果我和老金能创作出合适的台词，我敢说这真能成为一出精彩戏剧的布景。但是此刻他正背着光线和我，像往常一样戴着他的遮阳帽，坐在一个小圆桌旁专心写作。

他们不让我多说话，尽管我还有不少话要说。可是这样的“谈话”真有点儿辜负了那布景，但这就是生活。……这里的海拔或是什么别的对我非常不利，弄得我喘不过气来，常觉得好像刚刚跑了几英里。所以我只能比在四川时还更多地静养。

爱你和正清。

菲丽丝

一九四六年二月二十八日

和张奚若在一起到三月二日 昆明

致费正清

<一九四七年二月一日>

Feb. 1st, 1947

Tsing Hua Yuan Peiping

Dearest John,

…[①] The political chaos and the awareness of great sufferings all noted add grey clouds to an already colorless horizon. I was almost always sad with no positive objective of any kind. The stupid thought-control of the right; the purposeful thought manipulation of the left, one enough to leave one very thoughtful for a long time. The kind of liberalism your country has enjoyed is a long way from us and our economic life, for those who are lucky enough to be above starvation, means counting tens of thousands of dollars merely to see where one is that day for the next day he will be penniless again. When life in general is a huge minor management, mine in bed is rather meaningless, it so cheerless that it can easily be dispensed with.

Ever Love

Phyllis Whei Yin etc.

* 此信系节选。

① 此处有删节。

［译文］

最亲爱的正清：

……政治的混乱和觉悟的痛苦给清晰的地平线又增添了乌云。我几乎总是在消极地悲伤。右派愚蠢的思想控制和左派对思想的刻意操纵足以让人长时间地沉思和沉默。我们离你们国家所享有的那种自由主义还远得很，而对那些有幸尚能温饱的人来说，我们的经济生活意味着一个人今天还腰缠万贯，明天就会一贫如洗。当生活整个乱了套的时候，我在病榻上的日子更毫无意义。

始终爱你

菲丽丝 徽因

一九四七年二月一日 北平清华园

致费慰梅

<一九四七年十月四日>

*此信系节选。一九四七年十月，林徽因入院做术前检查；此后，林徽因情况略有好转，她终于游了一次颐和园。该信写于此时。

October 4th, 1947

In a Hospital In Town, Peiping.

Dearest Wilma,

…① Any way, I'd better tell you why I am here in this hospital. Don't get uneasy. I am only here for a general overhauling; just to mend a few hinges here and there—perhaps stop a few roof-leaks and put in a few mosquito-screens—to put them all in our architectural terms. Yesterday evening, troops of interns, young resident doctors, went over with me the history of my case, like going over the history of two wars. We drafted Agenda (like John F., so often did) and formed various sub-committees on the problem of my eyes, teeth, lungs, kidneys, diet, amusements of philosophy. We left out nothing, so we came to as much conclusion as all the big conferences came to about the world situation today. Meanwhile, a great deal of work have been started, to see what is wrong and where, all the modern forces of technical

① 此处有删节。

knowledge are to be employed. If tuberculosis is not co-operating, they should be. This is the logic of it.

I will stop all this nonsense and tell you about my room here in this building. This beautiful creation of the Early—Republic—"Min—kuo"—"Yuan Shih-kai" ish-foreign-contractor-German-Baroque four-storied building! My two tall and narrow formal windows face the South and over-looking the entrance court where one sort of expects 1901 automobiles, carriages and Chinese early Republic-Mandarins to adorn the cement Baroque steps and paths…[①]

…[②] I took an opportunity to go to the Summer Palace with Bao-bao and her youngster friends (among them the brilliant young poet of whose poems Wang Tso-liang renewed in "Life and Letters", published in London). Any way I got as far as the gate of the Summer Palace by rickshaw, then the problem of getting about inside the Summer Palace arose, and finally had to take a sedan chair, costing seventy thousand dollars for a round trip, going right through on the top of the ridge of the hills at the back of the Palace where I loved most and was with the Steins

① 此处有删节。

② 此处有删节。

once. It was a success: the weather was marvelous after a night of rain. We could see miles around. The kids were very happy accompanying me on foot. I felt royally important to have so much service and attention from them.

Lao-Chin and Ssu-cheng were sweet enough to keep house for us while we were gone for the day. Even my mother went along with us. I have a few snapshots taken quite worthy of the occasion. You see, I emerge from under deep waters and take what may be termed "unnecessary activities", without it, I might have passed-out long ago, like an oil lamp in exhaustion-sort of faded away, winked, blinked and gone!

Phyllis

［译文］

最亲爱的慰梅：

……无论怎样，我最好告诉你我为什么到这个医院。别紧张，我只是来做个全面体检。做一点小修小补——用我们建筑术语来说，也许只是补几处漏顶和装几扇纱窗。昨天下午，一整队实习和住院大夫来彻底检查我的病历，就像研究两次大战史一样。我们（就像正清常做的那样）拟定了一个日程，就我的眼睛、牙齿、肺、肾、饮食、娱乐和哲学建立了不同的分委员会。巨细无遗，就像探讨今日世界形势的那些大型会议一样，得出了一大堆结论。同时许多事情也在着手进行，看看都是些什么地方出了毛病，用上了所有的现代手段和技术知识。如果结核菌现在不合作，它早晚也得合作。这就是其逻辑。

我将打住所有的废话，和你聊聊我的病房所在的这座楼。它是民国初年建的一座漂亮建筑：一座“袁世凯式”、由外国承包商盖的德国巴洛克式四层楼房！我的两扇朝南的狭长前窗正对着前庭，可以想象一九〇一年时那些汽车、马车和民初的中国权贵怎样装点着那水泥铺成的巴洛克式的台阶和通道……

……我找了个机会同宝宝和她的年轻朋友们去了趟颐和园（他们中有位才华横溢的诗人，他的诗作王佐良曾在伦敦出版的《生活与书信》一书中加以评论）。不管怎样，我坐着人力车抵达了颐和园的门口，接下来的问题就是在颐和园里面怎么办了。最终我不得不花七万元[①]

① 国民党统治时期的旧币。

雇了一顶可以往返的滑竿，一直来到宫殿后面的山顶。这是我最爱的地方，当年曾带史坦因夫妇去过。这是一次大成功。夜雨之后，天气好极了，可以看到四周几英里的地方。孩子们走路陪着我，高兴极了。看见他们前呼后拥，我觉得自己像个大贵族。

老金和思成特别好，替我们看家。甚至我的妈妈也和我们一起出行。今天值得我拍几张照片。你看，我从深渊里爬出来，来干这些可能被视为“不必要的活动”，没有这些我也许早就不在了，像盏快要熄的油灯那样，一眨、一闪，然后就灭了！

你永远的

菲丽丝

一九四七年十月四日

于北平的医院

致费慰梅

<一九四七年十一月十日>

*此信系节选。一九四六年七月末梁思成、林徽因全家回到他们思念已久的北平。不久，梁思成受到普林斯顿大学和耶鲁大学的邀请，前往美国进行学术访问，其间受聘为联合国大厦设计委员会委员，参与了大厦的设计工作。一九四七年夏，林徽因病情突然恶化，需做肾切除手术。梁思成匆匆赶回北平。在给费慰梅的信中，林徽因描述了梁思成带给她的礼物。

10th November, '47

Dearest Wilma,

…[①] On one grand occasion, Mr. Liang showed me off fully equipped with collapsible, reversible, and connectable and disconnectable mechanisms to the teeth, sitting in bed with an adjustable canvas back support, fitted in front by an adjustable writing-and-reading stand and Autograph plugged into an electric transformer which dually plugged into an ordinary plug of this house, a magnifying glass in hand and was to behave as a carefree young lady of the modern age, as much as Charlie Chaplin once was, while eating a piece of corn-on cob by an ingenious machinery.

…[②]

Up to this point I am advised to conclude this letter right here with "yours indefinitely", since I am tired and I would not be able to finish all that I wanted to say. But I simply must report on the autograph, or what you call the "recording machine" specially.

① 此处有删节。

② 此处有删节。

Yes, we did hear all the greeting speeches recorded in the discs used. I must say they were confusing. Ssu-cheng sounded like Dr. Mei Yi-chi, Wilma sounded like John and John's throat voice was approaching Paul Robeson's. The best and most distinguished of all the speeches is that of Alien's, and no wonder. I feel terribly proud to have a professional artist "broadcast" in my collection. ①

① 本段描述的是梁思成从美国归来带给林徽因的录音机。

So far I have done very little with this machine in the way it was intended to be used but let my children record playful conversations when there were gatherings. I felt like Emperor Chien-lung on occasions when he was presented with various foreign clocks. I dare say he let his court ladies play with them for a while. Now I really must conclude this letter, and hence...

(As it was so kindly suggested to me by the brilliant professor of logic.)

Yours indefinitely

Phyllis

［译文］

最亲爱的慰梅：

……在一个庄严的场合，梁先生向我展示了他带回的那些可以彻底拆、拼、装、卸的技术装备。我坐在床上，有可以调整的帆布靠背，前面放着可以调节的读写小桌，外加一台经过插入普通电源的变压器的录音机，一手拿着放大镜，另一手拿着话筒，一副无忧无虑的现代女郎的架势，颇像卓别林借助一台精巧的机器在啃老玉米棒子。

……

现在，我被建议停笔，以“你永远的”结束这封书信。因为我累了，我只能在信中简单报告情况，或者专门在你所谓的“录音机”里说明情况。我们确实听到了录在磁盘上的各种问候。但是全都不对头了，思成听起来像梅贻琦先生，慰梅像正清，而正清近乎保罗·罗伯逊。其中最精彩的是阿兰的，这当然在意料之中。我非常自豪，能收藏一位专业艺术家的“广播”录音。

不过迄今我还没有按这机器应有的用途来做什么，只有让孩子们录些闹着玩的谈话。我觉得好像乾隆皇帝在接受进贡的外国钟表。我敢说他准让嫔妃们好好地玩了一阵子。现在我真的要停笔了，所以……

（是聪明过人的哲学教授好心地建议我停笔。）

你永远的

菲丽丝

（一九）四七年十一月十日

*此信系节选。一九四七年十二月二十四日，林徽因做了肾切除，进手术室前，她向费慰梅诀别。

致费慰梅

< 一九四七年十二月二十日 >

Saturday Dec. 20th, 1947

Dearest Wilma,

…[①] Goodly dearest, dearest, Wilma how nice it wondering you could suddenly drop in and present me a lot of flowers and write torrent of nonsense, and laughter? I am no longer like last year, I am now smile cheerful and a possible company.

…[②]

Love all love

Phyllis

［译文］

最亲爱的慰梅：

……再见，最亲爱的慰梅。要是你能突然闯进我的房间，带来一大束花和一大串废话和笑声该有多好。我不再像去年一样，我现在乐观地微笑，还可能给你做伴。

……

非常爱你

菲丽丝

一九四七年十二月二十日 星期六

① 此处有删节。

② 此处有删节。

致费慰梅、费正清

＜一九四八年十一月八日至十二月八日＞

*此信系节选。这是一九四八年十二月上旬，林徽因收到费正清的新著《美国与中国》后，给费慰梅、费正清所写的最后一封信。

Nov. 8, 1948 to Dec. 8, 1948

Peking

Dearest Wilma and John,

Now that I feel that we have perhaps only a month or two to write freely to you all in U.S.A. without postal service difficulties or whatever hitch there might be, I feel a bit choked or tongue-tied. Even this letter…[①] I only hope that it will get to you before Christmas or for Christmas.

Many many thanks for all the books you sent us, especially the last which is John's own masterpiece and what a book! We certainly enjoyed and admired and gasped and discussed and were all very very much impressed. Sometimes we said to each other in affectionate patronizing phrases that John certainly grasps our "special celestial" complications here, or feels "that feel of things" there and anyway certainly this is no "foreign devil" stuff not even the slightest, to a modern Chinese—this time. Shiro said affectionately that he

① 此处有删节。

enjoyed John's book and that "There truly is not a single sentence that is an outsider's misinterpretation... [①] he understands a lot", etc. Lao-Chin said that it is very "sane and scientific" summing up of us and that "There is John has a fundamental understanding. Fundamentally he is not like other foreigners". And I must say that—Ssu-cheng and I are surprised that—it is so absolutely free from foreign happy misunderstanding and well-wishing-wish-hope-or-despair. What I particularly admire in it is the way John puts Western things in Western terms and Chinese things in Chinese terms and yet in the same Western language intelligible both to the American who read about China in his own tongue and the Chinese who read about his own country in the other tongue. We all enjoy this enormously.

Besides, we often point out to each other with the greatest admiration and without the least shame that we learned this and that fact about China from John and for the first time in our lives (!) For instance "It is interesting...I never knew that corn or sweet potato came to China this late, or...etc. (specially events among Sino-Western relations).

① 此处有删节。

In other words, we all so very much enjoyed what John must have enjoyed writing. The Liangs have not been so pleasantly surprised since Wilma Fairbanks's reconstruction of the Wu Liang Shrines.

My only regret, if I have any, is that no Chinese art has been touched on in the summary though I don't quite see what art has got to do with foreign relations issues! Still, art is so much a part of us that when talking about us in general it is still somehow there too, mixed with semi-conscious complications in us. ... [①] When I say "art" I mean "poetry" also of course, and by that I mean also perhaps the particular sensitivity and aesthetic—emotional experiences aroused by or reached through our language—our peculiar written characters, word-pictures, phrase structures, literature and literary traditions and heritages. Our peculiar language is really three parts rhetoric and poetry and only one part clear and precise speech! ... [②] What I mean is perhaps that his rich self-contained "language poetry-art-combination" also made us what we are and think and feel or dream.

It can very well become the obstinate nut-shell

① 此处有删节。

② 此处有删节。

very hard for a westerner to crack open in order to reach us even when he does understand our social structure, Confucian pattern, bureaucratic tradition of the past and political problems of the present, etc...Of course I am just wondering and more or less thinking aloud to myself this moment and perhaps you are right, "Art" does not come within the scope of what John's book deals with this time.

...[①] In short, I think art at least is as important in influencing our mental make-up as diet is over our physical make-up. I am sure the fact that we eat rice and bean-curd can't help making us a little different from those who take great big pieces of steak and drink several glasses of milk, often with cream cake or pie. In the same way, the man who sits grinding his ink-stone patiently making up a landscape is almost a different species from the young rebel who stays in the Paris Latin-quarter familiar with his Balzac type or post-impressionist paintings and the latest Matisses and Picassos (or the young man who travels down to Mexico to have a look at the Mexican frescoes).

...[②] All the above was my private bit of book-

① 此处有删节。

② 此处有删节。

reviewing for the sake of arguing—affectionate argument worked up to tease John. It is going to cost me hell to send this letter!

As far as political views are concerned I agree with John entirely this time. This means that I have come up closer to his views since we last argued in Chongking—or rather, I have changed a bit by following the day to day issues at hand in the last two years and I feel John is faired too. I am very very happy that this is so. By the way, being very ignorant on many things, I am very grateful to John's instructive, informative bird's eye view of so many many phases of Chinese life, system or history. Being familiar with ourselves, we don't often try to get a clear perspective or to articulate about it. So John's book is fascinating reading to us all and we are going to make the younger generation read through it too.

…①

Maybe we won't see each for a long time now! Things will be very different for us though we don't know how different next year or next month. But as ever as the younger generation have something interesting to do and

① 此处有删节。

could keep fit and have work that is all that matter!

My love to you and John, always always

Phyllis

[译文]

最亲爱的慰梅和正清：

现在我觉得我们只有一两个月能自由地给在美国的你们大家写信了，也许是因为不能通邮或别的什么障碍，我觉得憋得喘不上气、说不出话。即使是这封信……我希望它能在圣诞节前或过节时寄到。

谢谢你们寄来的书，特别是其中最后一本，正清自己的杰作，多好的书啊！我们当然欣赏、钦佩、惊奇和进行了许多讨论，大家都对这本书有非常非常深的印象。有时我们互相以热情赞美的话说，正清显然是把握了我们华夏臣民的复杂心态，或知道我们对事物的不同感觉，所以，这不是那种洋鬼子的玩意儿；此刻对于一个现代中国人来说，它一点儿也不是。张奚若热情地说，他喜欢正清的书，“没有一处是外人的误解……他懂得的真不少”等等。老金说这是对我们的一个“合理而科学的”总结，正清“对有些事有着基本的理解，他和别的外国人真是不一样”。而我和思成非常惊讶，它真的全然没有外国人那种善意的误解、一厢情愿的期望或失望。我尤其欣赏正清能够在谈到西方事物时使用西方词汇、谈中国事物时用中国词汇，而同一个西方语言却既能让美国读者以自己的语汇来读关于中国的事，又能让中国读者用另一种语汇来读关于自己国家的事。我们对这一点都特别欣赏。

此外，我们还常常以最大的钦佩而且毫不感到羞耻地互相指出，有许多关于中国的事实我们竟是从他这里才生平第一次知道（！）例如，有趣的是，我从不知道玉米和白薯是这么晚才来到中国的，还有特别是那些关于中西方关系的事件。

换句话说，我们都极为赞赏正清的这本得意之作。自从慰梅重建武梁祠以来，梁氏夫妇还没有这么高兴过呢。

我唯一的遗憾，如果说有的话，是在这本总结性的著作中没有涉及中国艺术，尽管我也看不出艺术与国际关系何干。即便如此，艺术是我们生活中那样重要的一部分，如果要一般地谈论我们的话，艺术也是不可少的，那是我们潜意识中的一个组成部分。……当我提到艺术的时候，当然也指诗，但可能也指由我们的语言、我们特有的书法、构词、文学和文化传统所引发的情感和审美情趣。我们特殊的语言实际上由三部分组成：修辞、诗，只有一部分才是直接了当的言语！……我想说的也许是，正是这种内涵丰富的“语言——诗——艺术的综合”造就了我们，使我们会这样来思索、感觉和梦想。

它正是固执的坚果壳，对试图接近我们的西方人而言难以打开，即使他的确懂得我们过去的社会结构、儒家思维模式、官僚传统和当前的政治问题……当然，此时我也很疑惑，并多少自言自语地认为或许你是对的。这次，“艺术”还没有进入正清著作所涉及的范畴。

……简言之，我认为艺术对我们精神的塑造和我们的饮食对我们身体的塑造一样重要。我深信，我们吃米饭和豆腐会不可避免地使我们同那些大块吃牛排、大杯喝牛奶，外加奶油蛋糕或馅饼的人有所不同。同样，坐在那里研墨，耐心地画一幅山水画的人，肯定和熟悉其巴尔扎克风格或后印象主义画派和晚期马蒂斯和毕加索，住在巴黎拉丁区的叛逆青年（或专程到墨西哥去旅行以一睹墨西哥壁画的年轻人）全然不是一个类型。

……以上全是我自己私下里的一点儿书评，不过是为了想争论一下，而正清对善意的争论总是很来劲的。寄这封信得花我一大笔钱了！

说到政治观点，我完全同意正清的。这意味着自从上次我们在重庆争论以来我已经接近了他的观点——或者说，因为两年来追踪每天问题的进展，我已经有所改变，而且觉得正清是对的。我很高兴能够如此。顺便说一句，因为我对许多事情不清楚，我非常感谢正清对中国生活、制度和历史中的许多方面的高瞻远瞩、富有教益的看法。因其对自己的事很熟悉，我常不愿去做全面的观察或试图把它弄清楚。所以读正清的书对我们极有吸引力，我们也要让年青一代来读它。

……

也许我们将很久不能见面——我们这里的事情将发生很大变化，虽然我们还不知道是什么样的变化，是明年还是下个月开始产生变化。但只要年青一代有有意义的事可做，过得好、有工作，其他也就无所谓了。

始终爱你和正清

菲丽丝

一九四八年十一月八日至十二月八日 北京

致傅斯年

<一九四二年十月五日>

孟真[1]先生：

接到要件一束，大吃一惊，开函拜读，则感与惭并，半天作奇异感！空言不能陈万一，雅不欲循俗进谢，但得书不报，意又未安。踌躇了许久仍是临书木讷，话不知从何说起！

今日里巷之士穷愁疾病，屯蹶颠沛者甚多。固为抗战生活之一部，独思成兄弟年来蒙你老兄种种帮忙，营救护理无所不至，一切医药未曾欠缺，在你方面固然是存天下之义，而无有所私，但在我们方面虽感到 lucky[2] 终增愧悚，深觉抗战中未有贡献，自身先成朋友及社会上的累赘的可耻。

现在你又以成永兄弟危苦之情上闻介公[3]，从细之事累及泳霓先生[4]，为拟长文说明工作之优异，侈誉过实，必使动听，深知老兄苦心，但读后惭汗满背矣！

尤其是关于我的地方，一言之誉可使我疚心疾首，夙夜愁痛。日念平白吃了三十多年饭，始终是一张空头支票难得兑现。好容易盼到孩子稍大，可以全力工作几年，偏偏碰上大战，转入井

① 孟真：傅斯年。

② lucky：幸运。

③ 介公：蒋介石。

④ 泳霓：翁文灏。

臼柴米的阵地，五年大好光阴又失之交臂。近来更胶着于疾病处残之阶段，体衰智困，学问工作恐已无分，将来终负今日教勉之意，太难为情了。

素来厚惠可以言图报，惟受同情，则感奋之余反而缄默，此情想老兄伉俪皆能体谅，匆匆这几行，自然书不尽意。

思永已知此事否？思成平日谦谦怕见人，得电必苦不知所措。希望泳霓先生会将经过略告知之，俾引见访谢时不至于茫然，此问

双安。

徽因 拜上

十月五日午后

附：傅斯年致朱家骅

＜一九四二年四月十八日＞

骝先[①] 吾兄左右：

兹且一事与兄商之。梁思成、思永兄弟皆困在李庄。思成之困，是因其夫人林徽音女士生了T.B.，卧床二年矣。思永是闹了三年胃病，甚重之胃病，近忽患气管炎，一查，肺病甚重。梁任公[②] 家道清寒，兄必知之，他们二人万里跋涉，到湘，到桂，到滇，到川，已弄得吃尽当光，又逢此等病，其势不可终日，弟在此看着，实在难过，兄必有同感也。弟之看法，政府对于他们兄弟，似当给些补助，其理如下：

一、梁任公虽曾为国民党之敌人，然其人于中国新教育及青年之爱国思想上大有影响启明之作用，在清末大有可观，其人一生未尝有心做坏事，仍是读书人，护国之役，立功甚大，此亦可谓功在民国者也。其长子、次子，皆爱国向学之士，与其他之家风不同。国民党此时应该表示宽大。即如去年蒋先生赙蔡松坡[③] 夫人之丧，弟以为甚得事体之正也。

二、思成之研究中国建筑，并世无匹，营造

① 骝先：朱家骅。时为国民政府教育部部长。

② 梁任公：梁启超。

③ 蔡松坡：蔡锷。

学社，即彼一人耳（在君[①]语）。营造学社历年之成绩为日本人羡妒不置，此亦发扬中国文物之一大科目也。其夫人，今之女学士，才学至少在谢冰心辈之上。

三、思永为人，在敝所同事中最有公道心，安阳发掘，后来完全靠他，今日写报告亦靠他。忠于其职任，虽在此穷困中，一切先公后私。

总之，二人皆今日难得之贤士，亦皆国际知名之中国学人。今日在此困难中，论其家世，论其个人，政府似皆宜有所体恤也。未知吾兄可否与陈布雷[②]先生一商此事，便中向介公一言，说明梁任公之后嗣，人品学问，皆中国之第一流人物，国际知名，而病困至此，似乎可赠以二三万元（此数虽大，然此等病症，所费当不止此也）。国家虽不能承认梁任公在政治上有何贡献，然其在文化上之贡献有不可没者，而名人之后，如梁氏兄弟者，亦复甚少！二人所作皆发扬中国历史上之文物，亦此时介公所提倡者也。此事弟觉得在体统上不失为正。弟平日向不赞成此等事，今日国家如此，个人如此，为人谋应稍从权。此事看来，弟全是多事，弟于任公，本不佩服，然知其在文运上之贡献有不可没者，今日徘徊思永，思成二人之处境，恐无外边帮助要出事，

① 在君：丁文江。

② 陈布雷时为国民党要员，蒋介石侍从室主任。

而此帮助似亦有其理由也。此事请兄谈及时千万勿说明是弟起意为感。如何？乞示及，至荷。专此

敬颂

道安

弟斯年谨上

四月十八日

弟写此信，未告二梁，彼等不知。

因兄在病中，此写了同样信给泳霓，泳霓与任公有故也。弟为人谋，故标准看得松。如何？

弟年又白

致金岳霖

<一九四三年十一月下旬>

老金：

多久多久了，没有用中文写信，有点儿不舒服。

John[①] 到底回美国来了，我们愈觉到寂寞，远，闷，更盼战事早点结束。

一切都好。近来身体也无问题的复原，至少同在昆明时完全一样。本该到重庆去一次，一半可玩，一半可照 X 光线等。可惜天已过冷，船甚不便。

思成赶这一次大稿[②]，弄得苦不可言。可是总算了一桩大事，虽然结果还不甚满意，它已经是我们好几年来想写的一种书的起头。我得到的教训是，我做这种事太不行，以后少做为妙，虽然我很爱做。自己过于不 efficient[③]，还是不能帮思成多少忙！可是我学到许多东西，很有趣的材料，它们本身于我也还是有益。

已经是半夜，明早六时思成行。

我随便写几行，托 John 带来，权当晤面而已。

徽寄爱

① John：费正清。

② 大稿：梁思成用英文撰写的《图像中国建筑史》。

③ efficient：有效率。

致梁思成

< 一九五三年三月十二日 >

* 此信系节选。

思成：

……[1]

我现在正在由以养病为任务的一桩事上考验自己，要求胜利完成这个任务。在胃口方面和睡眠方面都已得到非常好的成绩，胃口可以得到九十分，睡眠八十分，现在最难的是气管，气管影响痰和呼吸又影响心跳甚为复杂，气管能进步一切进步最有把握，气管一坏，就全功尽废了。

我的工作现实限制在碑[2] 建会设计小组的问题，有时是把几个有限的人力拉在一起组织一下分配一下工作，技术方面讨论如云纹，如碑的顶部；有时是讨论应如何集体向上级反映一些具体意见作一两种重要建议，今天就是刚开了一次会，有阮邱莫吴梁[3] 连我六人，前天已开过一次，拟了一信稿呈郑副主任和薛秘书长的，今天阮将所拟稿带来又修正了一次今晚抄出大家签名明天可发出（主要❶要求立即通知施工组停扎钢筋，美工合组事难定了，尚未开始，所以❷也趁此时再要求增加技术人员加强设计实力，❸反映

① 此处有删节。

② 碑：当时正在设计中的人民英雄纪念碑。

③ 阮邱莫吴梁：其中莫指莫宗江、吴指吴良镛。

我们对去掉大台认为对设计有利，可能将塑型改善，而减掉复杂性质的陈列室和厕所设备等等使碑的思想性明确单纯许多）。再冰小弟都曾回来，娘也好，一切勿念。信到时可能已过三月廿一日了。

天安门追悼会[①] 的情形已见报我不详写了。

昨李宗津[②] 由广西回来还不知道你到莫斯科呢。

徽因三月十二日写完

① 追悼会：斯大林的追悼会。

② 李宗津：清华大学建筑系美术教授、油画家。

致梁思成

<一九五三年三月十七日>

*此信系节选。

思成：

今天是十六日，此刻黄昏六时，电灯没有来，房很黑又不能看书做事，勉强写这封信已快看不见了。十二日发一信后仍然忙于碑的事。今天小吴老莫都到城中开会去，我只能等听他们的传达报告了。讨论内容为何，几方面情绪如何，决议了什么具体办法，现在也无法知道。昨天是星期天，老金不到十点钟就来了，刚进门再冰也回来，接着小弟来了，此外无他人，谈得正好，却又从无线电中传到捷克总统逝世消息。这种消息来在那样沉痛的斯大林同志的殡仪之后，令人发愣发呆，不能相信不幸的事可以这样的连着发生。大家心境又黯然了，……[1]

中饭后老金小弟都走了。再冰留到下午六时，她又不在三月结婚了，想改到国庆，理由是于中干[2]说他希望在广州举行。那边他们两人的熟人多，条件好，再冰可以玩一趟。这次他来，时间不够也没有充分心理准备，六月又太热。我是什么都赞成。反正孩子高兴就好。

我的身体方面吃得那么好，睡得也不错，而

① 此处有删节。

② 于中干：林徽因、梁思成长女梁再冰的丈夫。

不见胖，还是爱气促和闹清痰打“呼噜出泡声”，血脉不好好循环冷热不正常等等，所以疗养还要彻底，病状比从前深点，新陈代谢作用太坏，恢复的现象极不显著，也实在慢，今天我本应该打电话问校医室血沉率和痰化验结果的，今晚便可以报告，但因害怕结果不完满因而不爱去问！

学习方面可以报告的除了报上主要政治文章和理论文章外，我连着看了四本书都是小说式传记。都是英雄的真人真事。……[1]

还要和你谈什么呢？又已经到了晚饭时候，该吃饭了，只好停下来。（下午一人甚闷时，关肇业来坐一会儿，很好。太闷着看书觉到晕昏。）（十六日晚写）

十七日续 我最不放心的是你的健康问题，我想你的工作一定很重，你又容易疲倦，一边又吃 Rimifon[2] 不知是否更易累和困，我的心里总惦着，我希望你停Rimifon吧，已经满两个半月了。苏联冷，千万注意呼吸器官的病。

昨晚老莫回来报告，大约把大台[3] 改低是人人同意，至于具体草图什么时候可以画出并决定，是真真伤脑筋的事，尤其是碑顶仍然意见分歧。

徽因匆匆写完 三月十七午

① 此处有删节。

② Rimifon：雷米封，一种防治结核病的药。

③ 大台：人民英雄纪念碑的基座。

附：林长民致林徽因

＜一九一二年十二月十九日＞

徽儿览此：

久不得来书，吾儿身体如何？读书如何？甚念！我近日益忙，少寄家信，祖父[①] 亦必以我为念。我在京一切安好，不知祖父大人安好否？天气已寒，祖父室内炉火常温否？吾儿当留心照应为要。娘娘[②] 近体如何？我安好，告娘娘安心。吾儿读书，有暇多寄我信。切切！

父字

十二月十九日

民国元年冬，家人寓沪，爹爹自京所寄。[③]

*林长民（一八七六—一九二五），福建闽县人，留学早稻田大学，归国投身『宪政』运动，曾任北洋政府议会副秘书长、司法总长等要职。林长民致林徽因的信幸存数十函，写信时间在一九一二年至一九二一年间，系林徽因所存，贴于本上。

本集仅收入留有林徽因批注笔迹的林长民相关书信，其余割舍。信函据手迹整理移录，首次公诸于世，力尽保留原貌；有不合今日的用字、用词、用语习惯，或笔误，均一仍其旧；个别不辨处以□代之。

此信写时，林徽因八岁，刚随祖父林孝恂由杭州迁居上海，入爱国小学念书，而父亲林长民亦离开在上海供职的《申报》馆去了北京。林徽因便承担了代祖父与父亲通信的责任。

① 祖父：名林孝恂，清末翰林，先后任过海宁等地知县、杭州知府。

② 娘娘：林徽因生母何雪媛，浙江嘉兴人，林长民续弦夫人。林长民原配叶氏不能生育，且早病逝。

③ 信末系林徽因在父亲林长民来函小楷批注。下同。

附：林长民致林徽因

< 一九一三年（约）>

徽儿知之：

得汝来书，甚喜。娘娘信早经收到。我在京身体诸健，家人勿念。汝好好读书，好好伺候祖父，至要。趾[1]可爱否?

长民

灵趾本名麟趾。

① 趾：灵趾，本名麟趾。林徽因胞妹，何雪媛生，未成年即夭折。

附：林长民致林徽因

<一九一三年五月二十九日>

徽儿知之：

两书俱悉。娘与趾妹来京[1]都好，汝留沪读书留侍祖父大人，大是好儿子，我极爱汝。祖父若来京，汝亦同来。京中亦有好学堂，我亦当延汉文先生教汝。现我新居左近有一教会女学堂，当可。

附前：我事忙，不及多作书。汝当随寄信。兹寄去邮票五张赏给汝，到即查收。

即问　家人都好

父字　五月廿九日

民国二年，娘同趾妹来京。徽尚留沪。

①林长民入仕北洋政府，定居北京，召家人进京，林徽因生母何雪媛携灵趾成行，祖父年老体衰未便同行，故林徽因仍随祖父住上海。

附：林长民致林徽因

＜一九一三年七月十三日＞

*此信写时，林长民已在北京租房，地点在前王公厂；林徽因祖父林孝恂患病，正准备迁居北京。

徽儿览此：

连接汝来书，为娘病极悬挂，汝孝顺可爱。娘病已愈，汝当安心。考后当已放暑假，假中作何事？

祖父今夏病体如何？能出门否？汝多陪祖父为要。我在京事虽忙，身体却好。现已预备迎接祖父北来。且看实叔[1]东京归时，如祖父能行，家人可同来也。汝前失去金针一条，我当再买与汝。俟有便人到沪，我当欲寄此物件赏汝。趾趾近日已不心焦。家中无儿童辈与游，趾趾闷中惟思食耳。我于屋中治一花园，铺草地约半亩，汝诸姊妹[2]来时，尽可游戏。四姊[3]近日病体如何？大姑姑[4]安好否？友璋[5]姊极聪明，知道理，汝须好好学他，至嘱。母亲病如何？示我为要。

七月十三日　父字

信中所指屋即前王公厂旧居。

① 实叔：林徽因二叔父林天民，正在日本留学。

② 当时祖父和外孙女均住养在上海林家。

③ 四姊：名王稚姚，林徽因大姑母的女儿，长林徽因三岁。

④ 大姑姑：名林泽民，林长民大姐，嫁王永昕。

⑤ 友璋：郑友璋，林徽因二姑母的女儿，二姑母已逝。

*一九一五年袁世凯复辟称帝，倡导宪政的林长民因时局变动决定将全家安置到天津英租界，本人留居北京。

附：林长民致林徽因

< 一九一六年四月八日 >

徽儿知悉：

接来信，甚慰。津寓布置略妥，家人姑作安居。我在京亦无所苦，告家人放心。今日派恩恩[1]、龙喜[2]运皮箱等件前往，到时如要安置房中，木箱运送不便，但可在津将就买用，我当陆续择要送去。家中大小，但要保重身体，勿致疾病累我，切切。京中房租本月未付，姑住此，月满后再作计议。我本拟一两日到津，现有事，不得行，且看几日再去。另交恩恩药水两瓶，系治癣之剂，似可用之于一切皮肤病。其一种白者，极润肤，可告二娘[3]试用。涂面用时，但以指头抹上（日两三次）。此药至不易得，须俭省用之。其一种黄者，性极强。涂面恐过痛。告二娘，先试之于两手患处，用时以笔点之，亦不可过多。此药易过气，故我改用玻璃塞口之瓶，笔蘸后立即关紧为要。天津天气如何？诸姑均安好否？为我道念。

埃庐[4]老人手书

四月八日

① 恩恩：林徽因堂兄。

② 龙喜：未详。

③ 二娘：名程桂林，林长民继何雪媛后再娶的夫人。

④ 埃庐：林长民所用另一字号。

洪宪帝制，全家徙居天津英届红道路。

附：林长民致林徽因

<一九一六年四月十九日>

* 此信无抬头。

得汝三信，知汝念我，我独居京寓颇苦寂，但气体尚好耳。大姑丈[①] 到津，汝当已晤面。我拟俟大姑丈来后到津一行。书箱业已捆好，尚有器具数件，一两日内派恩恩运往。汝读书中辍，光阴可惜。书箱到时，当检出数种，为汝讲解。京中安谧，当不至有他虞。我亦一切慎重[②] ，家人放心为要。天气寒暖不定，诸人务当保体，勿使致疾。我目为风沙所侵，红肿不退，今日避风不出门，天阴庭阒，颇多感念。盼汝辈多与我书也。娘娘、二娘想都好，妹妹、弟弟汝亦相帮照应。如要笔墨纸张，我来时当带与汝。余面告。

此致

徽儿

父字

四月十九日

二娘信念与听之

爹爹独居京城沟延头。

① 大姑丈：林长民大姐夫王永昕（字熙农）。

② 此时袁世凯称帝失败刚过，时局尚不稳定。

附：林长民致林徽因

<一九一六年五月五日>

*此信无抬头。此信写时，当局迷离，林长民举棋未定。程桂林病愈，林长民往天津接程去北京同住。

本日寄一书，当已到。我终日在家理医、药，亦藉此偷闲也。天下事，玄黄未定，我又何去何从。念汝读书正是及时，诺论悮了，亦爹爹之过。二娘病好，我当到津一作计议。春深风候正暖，庭花丁香开过，牡丹本亦有两三葩向人作态，惜儿未来耳。葛雷武[1]女儿前在六国饭店与汝见后，时时念汝。昨归国，我饯其父母，对我依依。为汝留□，并以相告家事。儿当学理，勿尽作孩子气。千万。

书付

徽儿

桂室老人[2]

五月五日

爹爹到津，复同二娘回京。

① 葛雷武：林长民的外国友人。

② 桂室老人：林长民的字号。

附：林长民致林徽因

<一九一七年八月八日>

连日来信，均已接及。二娘热度增高，至为悬念。我星期六方能到津[①]，此信可示二娘。嘱其安心静养，我已有另函致田村[②] 院长询问病情矣。

此示

徽儿

父字

八月八日

民国五年秋，举家返京。越年，又迁居天津，惟徽独留京。适复辟，徽乃同十叔至津寓（自来水路）。诸姑偕诸姊继至。爹爹从宁归，独回都。

*此信无抬头。

① 此时二娘程桂林在天津。

② 田村：日籍医生，林长民友人。

附：林长民致林徽因

<一九一七年八月八日>

*此信写于前信同日，无抬头。

顷寄一快信，语有未详。连日汝来书均未述及。二娘脉至甚盼函告（食量如何亦告我）。燕玉[1]信已收到，汝姊妹兄弟如此亲爱，我心甚喜。我星期六到津时，当厚厚赏汝，并告燕玉勿闹勿哭也。

此示

徽儿

父字

八月八日

二娘病，不居医院，爹爹在京不放心，嘱吾日以快信报病情。时天苦热，桓[2]病新愈。燕玉及恒[3]则啼哭无常，尝至夜阑，犹不得睡。一夜月明，恒哭久；吾不忍听，起抱之。徘徊廊外一时许，恒始熟睡。乳媪粗心，任病孩久哭，思之可恨。

① 燕玉：林燕玉，林徽因同父异母的妹妹，程桂林生。

② 桓：林桓，林徽因同父异母大弟，二娘程桂林生。

③ 恒：林恒，林徽因二弟，亦二娘程桂林生。

附：林长民致林徽因

< 一九一七年八月十五日 >

本日晚间，适有要事，不能到津。二娘病体如已略好，我仍于星期六来，可告之。我此间当在觅屋[1]也。

此示

徽儿

父字

八月十五日

燕玉汝有病，仍请田村大夫一诊为宜。

燕玉哭闹几日至是病矣。恒恒满头暑疮，多赖娘娘料理。

*此信无抬头。

① 林长民拟在北京原住处迁居，寻购住房，以便全家搬离天津。

附：林长民致林徽因

<一九一七年八月十五日>

徽儿知悉：

得十四日来信，知二娘热度复高，甚为焦急。今决定星期日早车搬回北京[①]，我于星期六晚车到津相接，信到即嘱恩官[②]、陈嬷[③]先行预备；皮箱及随用物先结束[④]，于星期五搬回。其余书箱木器及柜中磁器[⑤]等件，姑俟以后再搬。明日（星期四）我先派人（龙喜或温瑞[⑥]）到津帮忙，皮箱等物运京时，但令龙喜押送可也。恩官仍留津候我，以备人口行时照顾一切。此信可先告二娘安心。诸事汝细心分付[⑦]至要。燕玉病或先请田村一诊。

父字

八月十五日

结束皮箱时，二娘不可多管，病体不能耐也。

匆匆结束归京，忙乱颠倒。爹爹要句加以两环，愈形其迫。

① 林长民临时定居南府口织女桥。
② 恩官：恩恩，见前注。
③ 陈嬷：未详。可能是林家女佣。
④ 结束：捆绑意。
⑤ 磁器：瓷器。
⑥ 温瑞：未详。
⑦ 分付：系吩咐之误。

附：林长民致林徽因

< 一九一八年四月十六日 >

*此信写时，林长民正在日本考察，准备回家再迁居。

徽儿知悉：

得来函，甚慰。我不在家，汝能为我照应一切，我甚喜也。我在此当有月余日之滞，俟实叔[1]来会，或可同回京。我身体安善，汝可放心。家中应用款，告二娘不必省费。凉篷如须早搭，可照搭；如天气尚未甚暖，则稍缓。我归或迁居也。我致二娘信汝可取阅。

父字

四月十六日

民国七年，爹爹赴日。家人仍寓南府口织女桥。徽自信能担任编字画目录[2]，及爹爹归取阅。以为不适用，颇暗惭。

① 实叔见前注。

② 林长民所存字画若干，林徽因试为父亲整理编目。

*此信写于林长民访日期间，无抬头，可能附在前信一并付邮。

附：林长民致林徽因

<一九一八年四月>

我到东[1]后，酬应过多。此十余日间，自早至晚，均为酒食所困。廿外拟到箱根一避，月杪归东京。来月再到各地视察。每到游览胜地，悔未携汝来观[2]；每到宴会，又幸汝未来同受困也。

爹爹去时拟携徽也。

① 东：东京。

② 林长民为培养林徽因，赴日前曾考虑携她同行。

附：林长民致林徽因

<一九一八年五月十九日>

徽儿知悉：

得书并大姑手书，至感。我本拟速归，有未了事，故延缓至今，兼以夙患耳。鼻症拟趁此根治，于本月十六日施用手术，不觉痛苦。惟手术后精神颇疲惫，现已过三日，尚有余血未止，刀口未全复。约一星期后可照常也。实叔来此十余日，忽得福州家电，其长女樱子[①]患急性肺炎遽殇。实叔赶归。此症幸非传染病，我亦不阻之。我归期约在月杪，晤诸姑为我道及。

埃庐

五月十九日

樱子可爱。得此消息，至心痛。民国七年，爹爹赴日，家人在京。

① 樱子：林徽因堂姊妹。

附：林长民致林徽因

<一九二〇年三月三日>

*此信无抬头。当时林长民作为『国际联盟』中国代表长驻英国，此次出国林徽因随行。写信时，林长民赴欧洲大陆开会，林徽因独自留英岛。

前片当已收到，在此适值使领馆对付勤工学生事，访人多不得见。诸事尚得[①]接洽，大约须星期日方得归。日本驻法大使请我晚餐。我来此无酬应，不知日使何从探得吾踪，真灵敏矣。

徽儿

宗[②]

三月三日

爹爹赴瑞开国际联盟会，从法归英（寓阿门廿七）。

① 得字疑待字之误。

② 宗：林长民字宗孟。

附：林长民致林徽因

< 一九二一年八月二十四日 >

*此信无抬头。林长民父女行将回国，林徽因往英伦南方海边度假，林长民留伦敦打点行装。

得汝多信，未即复。汝行后，无甚事，亦不甚闲。忽忽过了一星期，今日起实行整理归装。波罗加船展期至十月十四日始开，如是则发行李亦可稍缓。汝若觉得海滨快意，可待至九月七八日与柏烈特[①] 家人同归。此间租屋十四日满期，行李能于十二三日发出为便。想汝归来后结束余件，当无不及也。九月十四日以后，汝可住柏烈特家。此意先与说及，我何适尚未定也。但欲一身轻快，随便游行耳。用费亦可较省，老斐理璞[②] 尚未来，我意不欲多劳动他。此间余务有其女帮助足矣。但为远归留别，姑俟临去时图一晤。已嘱其不必急来，其女九月杪入戏剧训练处，汝更少伴，故尤以住柏烈特家为宜。我即他往，将届时[③] 还是到伦与汝一路赴法一切较便；但手边行李较之寻常旅行不免稍多，姑到临时再图部署。盼汝涉泳日谙，身心均适。

八月廿四日　父手书

① 柏烈特：英国医生，林长民友人。

② 斐理璞：林徽因随父初到英国时受聘的家庭英语教师，由此其母女住林寓处一年。

③ 开船。

十九百廿一年夏，徽同柏烈特全家赴英南海边避暑，爹爹未去，独居伦敦。斐理璞母女居吾家一载，是时母适北行，故爹爹有尚未来之语。

附：林长民致林徽因

<一九二一年八月二十五日>

徽女爱览：

昨函计达，汝日来想游泳有进，我前允受Cadbuny招待，今已定于来星期四与璧醍[1]前往，计期正是九月一日，大约星期六日归。汝若与柏烈特家人同回，自无问题。如适于九月一二日归，恐我尚在Birmingham，也似以稍迟为妙。璧母我已去函，请其不必着急，但俟我父女将行时来此一别可也。整装诸务，亦颇简单，我不欲多劳他。柏氏家人为我道好。

八月廿五日　父手书

克柏利[2]柯柯[3]糖厂主与璧醍·斐理璞为姻戚。一年来，徽所吃柯柯糖不下三木箱，皆克柏利氏或弗来氏出品。

① 璧醍：璧醍·斐理璞，英语教师老斐理璞的女儿。

② 克柏利：英国一家可可糖厂老板。

③ 柯柯：今通译可可。

附：林长民致林徽因

＜一九二一年八月三十一日＞

*此信无抬头。

读汝致璧提[1] 函，我亦正盼汝早归。前书所云与柏烈特家同回者，为汝多尽数日游兴耳。今我已约泰晤士报馆监六号来午饭（函中述及汝），汝五号能归为妙。报馆组织不可不观，午饭时可与商定参观时日。柏烈特处我懒致信，汝可先传吾意，并云九月十四日以后我如他适，或暂置汝其家，一切俟我与之面晤时决之。先谢其待汝殷勤之谊。

八月卅一日　父手书

① 璧提即璧醒。

柏烈特为医士，有五女。徽离英前居其家月余日，极承亲切照料。

附：徐志摩致林徽因

<一九三一年七月七日>

徽音：

我愁望着云泞的天和泥泞的地，直担心你们上山[①]一路平安。到山上大家都安好否？我在记念。

我回家累得直挺在床上，像死人——也不知那来的累。适之在午饭时说笑话，我照例照规矩把笑放上嘴边，但那笑仿佛离嘴有半尺来远，脸上的皮肉像是经过风腊，再不能活动！

下午忽然诗兴发作，不断的抽着烟，茶倒空了两壶，在两小时内，居然诌得了一首[②]。哲学家[③]上来看见，端详了十多分钟；然后正色的说："It is one of your very best.[④]" 但哲学家关于美术作品只往往挑错的东西来夸，因而，我还不敢自信，现在抄了去请教女诗人，敬求指正！

雨下得凶，电话电灯全断。我讨得半根蜡，匐伏在桌上胡乱写。上次扭筋的脚有些生痛。一躺平眼睛发跳，全身的脉搏都似乎分明的觉得。再有两天如此，一定病倒——但希望天可以放晴。

思成恐怕也有些着凉，我保荐喝一大碗姜

①山：香山。一九三一年夏，林徽因全家曾到香山静宜园双清小住。

② 一首：徐志摩诗《你去》。

③ 哲学家：金岳霖。

④ It is one of your very best：这是你最好的诗之一。

糖汤，妙药也！宝宝老太[①] 都还高兴否？我还牵记你家矮墙[②] 上的艳阳。此去归来时难说定，敬祝

山中人“神仙生活”，快乐康强！

脚疼人

洋郎牵（洋）牛渡（洋）河夜

你去

你去，我也走，我们在此分手；
你上那一条大路，你放心走，
你看那街灯一直亮到天边，
你只消跟从这光明的直线！
你先走，我站在此地望着你：
放轻些脚步，别教灰土扬起，
我要认清你的远去的身影，
直到距离使我认你不分明。
再不然，我就叫响你的名字，
不断的提醒你，有我在这里，
为消解荒街与深晚的荒凉，
目送你归去……
不，我自有主张，
你不必为我忧虑；你走大路，

① 宝宝老太：林徽因的女儿和母亲。
② 你家矮墙：应是指林徽因双清住处的围墙。

我进这条小巷。你看那株树，

高抵着天，我走到那边转弯，

再过去是一片荒野的凌乱：

有深潭，有浅洼，半亮着止水，

在夜芒中像是纷披的眼泪；

有乱石，有钩刺胫踝的蔓草，

在守候过路人疏神时绊倒！

但你不必焦心，我有的是胆，

凶险的途程不能使我心寒。

等你走远，我就大步的向前，

这荒野有的是夜露的清鲜；

也不愁愁云深裹，但求风动，

云海里便波涌星斗的流汞；

更何况永远照彻我的心底，

有那颗不夜的明珠，我爱——你！

附：梁启超致信梁思成

＜一九二五年十二月二十七日＞

*梁启超致信梁思成，嘱咐思成转告林徽因。

思成：

今天报纸上传出可怕的消息，我不忍告诉你，又不能不告诉你，你要十二分镇定着看这封信和报纸。

我们总还希望这消息是不正确的，我见报后，立刻叫王姨入京，到林家探听，且切实安慰徽音的娘，过一两天他回来，或者有别的较好消息也不定。

林叔叔① 这一年来的行动，实亦有些反常，向来很信我的话，不知何故，一年来我屡次忠告，他都不采纳。我真是一年到头替他捏着一把汗，最后这一着真是更出我意外。他事前若和我商量，我定要尽我的力量扣马而谏，无论如何决不让他往这条路上走。他一声不响，直到走了过后第二日，我才在报纸上知道，第三日才有人传一句口信给我，说他此行是以进为退，请我放心。其实我听见这消息，真是十倍百倍地替他提心吊胆，如何放心得下。当时我写信给你和徽音，报告他平安出京，一面我盼望在报纸上得着他脱离虎口

① 即林长民，林徽音的父亲，早年入早稻田大学学习政治经济，后任段祺瑞内阁司法总长。一九二五年十一月入郭松龄幕府，讨伐张作霖，兵败身亡。

的消息，但此虎口之下不易脱离，是看得见的。

前事不必提了，我现在总还存在万一的希冀，他能在乱军中逃命出来。万一这种希望得不着，我有些话切实嘱咐你。

第一，你要自己十分镇静，不可因刺激太剧，致伤自己的身体。因为一年以来，我对于你的身体始终没有放心，直到你到阿图利后，姊妹来信，我才算没有什么挂虑。现在又要挂虑起来了，你不要令万里外的老父为着你寝食不宁，这是第一层。徽音遭此惨痛，惟一的伴侣、惟一的安慰，就只靠你。你要自己镇静着，才能安慰他，这是第二层。

第二，这种消息，谅来瞒不过徽音。万一不幸消息若确，我也无法用别的话解劝他，但你可以传我的话告诉他：我和林叔叔的关系，他是知道的，林叔的女儿就是我的女儿，何况更加以你们两个的关系。我从今以后，把他和思庄一样地看待，在无可慰藉之中，我愿意他领受我这种十二分的同情，渡过他目前的苦境。他要鼓起勇气，发挥他的天才，完成他的学问，将来和你共同努力，替中国艺术界有点贡献，才不愧为林叔叔的好孩子。这些话你要用尽你的力量来开解他。

人之生也，与忧患俱来，知其无可奈何，而安之若命。你们都知道我是感情最强烈的人，但经过若干时候之后，总能拿出理性来镇住他，所以我不致受感情牵动，糟蹋我的身子，妨害我的事业。这一点你们虽然不容易学到，但不可不努力学学。

徽音留学总要以和你同时归国为度。学费不成问题，只算我多一个女儿在外留学便了，你们更不必因此着急。

爹爹 十二月廿七日

附：梁启超致信梁思成夫妇

<一九二八年四月二十六日>

思成、徽音：

我将近两个月没有写“孩子们”的信了，今最可以告慰你们的是，我的体子静养极有进步。半月前入协和灌血并检查，灌血后红血球竟增至四百二十万，和平常健康人一样了。你们远游中得此消息，一定高兴百倍。

思成和你们姊姊报告结婚情形的信都收到了，一家的家嗣成此大礼，老人欣悦情怀可想而知。尤其令我喜欢者，我以素来偏爱女孩之人，今又添了一位法律上的女儿，其可爱与我原有的女儿们相等，真是我全生涯中极愉快的一件事。

你们结婚后，我有两件新希望：头一件，你们俩体子都不甚好，希望因生理变化作用，在将来健康上开一新纪元；第二件，你们俩从前都有小孩子脾气，爱吵嘴，现在完全成人了，希望全变成大人样子，处处互相体贴，造成终身和睦安乐的基础。这两种希望，我想总能达到的。近来成绩如何？我盼望在没有和你们见面之前，先得着满意的报告。

你们游历路程计划如何？预定约某月可以到家？归途从海道抑从陆路？想已有报告在途。若还未报告，则得此信时，务必立刻回信详叙，若是西伯利亚路，尤其要早些通知我，当托人在满洲里招呼你们入国境。

你们回来的职业，正在向各方面筹划进行（虽然未知你们自己打何主意），一是东北大学教授，一是清华学校教授，成否皆未可知（东北为势最顺，但你们去也有许多不方便处。若你能得清华，徽音能得燕京，那是最好不过了）。思永当别有详函报告。

另外还有一件“非职业的职业”——上海有一处大藏画家庞莱臣，其家有唐（六朝）画十余轴，宋元画近千轴，明清名作不计其数。这位老先生六十多岁了，我想托人介绍你拜他门（已托叶葵初），当他几个月的义务书记，若办得到，倒是你学问前途一个大机会。你的意思如何？亦盼望到家以前先用信表示。

你们既已成学，组织新家庭，立刻须找职业，求自立，自是正办，但以现在时局之混乱，职业能否一定找着，也很是问题。我的意思，一面尽人事去找，找得着当然最好，找不着也不妨，暂时随缘安分，徐待机会。若专为生计独立之一目的，勉强去就那不合适或不乐意的职业，以致或贬损人格，或引起精神上苦痛，倒不值得。一般毕业青年中大多数立刻要靠自己的劳作去养老亲，或抚育弟妹，不管什么职业得就便就，那是无法的事。你们算是天幸，不在这种境遇之下，纵令一时得不着职业，便在家里跟着我再当一两年学生（在别人或正是求之不得的），也没什么要紧。所差者，以徽音现在的境遇，该迎养他的娘娘才是正办，若你们未得职业上独立，这一点很感困难。但现在觅业之难，恐非你们意想所及料，所以我一面随时替你们打算，一面愿意你们先有这种觉悟，纵令回国一时未能得相当职业，也不必失望沮丧。失望沮丧，是我们生命上最可怖之敌，我们须终身不许他侵入。

《中国宫室史》诚然是一件大事业，但据我看，一时很难成功，因为古建筑十九被破坏，其所有现存的，因兵乱影响，无从到内地实地调查，除了靠书本上资料外（书本上资料我有些可以供给你，尤其是从文字学上研究中国初民建筑，我有些少颇有趣的意见，可惜未能成片段，你将来或者用我所举的例，继续研究得有更好的成绩），只有北京一地可以着手（幸而北京资料不少，用科学的眼光整理出来，也很够你费一两年工作）。所以我盼望你注意你的副产工作——即《中国美术史》。这项工作，我很可以指导你一部分，还可以设法令你看见许多历代名家作品。我所能指导你的，是将各派别提出个纲领，及将各大作家之性行及其时代背景详细告诉你，名家作品家里头虽然藏得很少（也有些佳品为别家所无），但现在故宫开放以及各私家所藏，我总可以设法令你得特别摩挲研究的机会，这便是你比别人便宜的地方。所以我盼望你在旅行中便做这项工作的预备。所谓预备者，其一是多读欧人美术史的名著，以备采用他们的体例。关于这类书认为必要时，不妨多买几部；其二是在欧洲各博物馆、各画苑中见有所藏中国作品，特别注意记录。

回来时立刻得有职业固好，不然便用一两年工夫，在著述上造出将来自己的学术地位，也是大佳事。

你来信总是太少了，老人爱怜儿女，在养病中以得你们的信为最大乐事。你在旅行中尤盼将所历者随时告我（明信片也好），以当卧游，又极盼新得的女儿常有信给我。

爹爹 四月廿六日

清华教授事或有成功的希望，若成功（新校长已允力为设法），则你须要开学前到家，届时我或有电报催你回来。

爹爹 廿八日又书

附：梁启超致信梁思成夫妇

<一九二八年五月十四日>

思成、徽音：

近日有好几封专给你们的信，由姊姊那边转寄，只怕到在此信之后。

你们沿途的明信片尚未收到，巴黎来的信已到了，那信颇有文学的趣味，令我看着很高兴。我盼望你们的日记没有间断。日记固然以当日做成为最好，但每日参观时跑路极多，晚间疲倦，欲全记甚难，宜记大略而特将注意之点记起（用一种特别记忆术），备他日重观时得以触发续成，所记范围切不可宽泛，专记你们共有兴味的那几件美术、建筑、戏剧、音乐便够了，最好能多作“漫画”。你们两人同游有许多特别便利处，只要记个大概。将来两人并着覆勘原稿，彼此一谈，当然有许多遗失的印象会复活许多，模糊的印象会明了起来。

能做成一部“审美的”游记也算得中国空前的著述。况且你们是蜜月快游，可以把许多温馨芳洁的爱感，迸溢在字里行间，用点心做去，可成为极有价值的作品。

东北大学和清华都议聘思成当教授，东北尤为合适，今将孝同来书寄阅。

杨廷宝前几天来面谈，所说略同。关于此事，我有点着急，因为未知你们意思如何，但机会不容错过（多少留学生回来找不着职业，所以机不可失），我已代你权且答应东北（清华拟便辞却），等那边聘书来时，我径自替你收下了。

时局变化剧烈，或者你们回来时，两个学校都有变动，也未可知，且不管它，到那时再说，好在你们一年半载不得职业也不要紧。

但既就教职，非九月初到校不可，欧游时间不能缩短，很有点可惜。而且无论如何赶路，怕不能在开学前回福州了。只好等寒假再说。关于此点，我很替徽音着急。又你们既决就东北，则至迟八月初非到津不可，因为庙见大礼万不能不举行。举行必须你们到家后有几天的预备才能办到。庙见后你们又须入京省墓一次，所以在京津间最少要有半个月以上的工夫。

赶路既如此忙迫，不必把光阴费在印度洋了。只好走西伯利亚吧。但何日动身、何日到本国境，总要先二十来天发一电来，等我派人去招呼，以免留滞。

我一月来体子好极了，便血几乎全息，只是这一个多月过“老太爷生活”，似乎太过分些，每天无所事事，恰好和老白鼻成一对。

今天起得特别早，太阳刚出，便在院子里徘徊，“绿荫幽草胜花时”，好个初夏天气也。

爹爹 五月十四日

*书信中有转告林徽因的片段。

附：梁启超致信梁思成

< 一九二八年十月十七日 >

思成：

这回上协和一个大当。他只管医痔，不顾及身体的全部，每天两杯泻油，足足灌了十天（临退院还给了两大瓶，说是两礼拜继续吃，若吃完了非送命不可），把胃口弄倒了。也是我自己不好，因胃口不开，想吃些异味炒饭、腊味饭，乱吃了几顿，弄得胃肠一塌糊涂，以致发烧连日不止（前信言感冒误也）。人是瘦到不像样子，精神也很委顿，现由田医治，很小心，不乱下药，只是叫睡着（睡得浑身骨节酸痛），好容易到昨今两天热度才退完，但胃口仍未复原，想还要休息几日。古人谓“有病不治，常得中医”，到底不失为一种格言了。好在还没有牵动旧病。每当热度高时，旧病便有窃发的形势，热度稍降，旋即止息，像是勉强抵抗相持的样子。

姊姊和思永、庄庄的信都寄阅。姊姊被撵，早些回来，实是最可喜的事。我在病中想他，格外想得厉害，计算他们在家约在阳历七月，明年北戴河真是热闹了。

你营业还未有机会，不必着急，安有才到一两月便有机会找上门来呢？只是安心教书，以余力做学问，再有余力（腾出些光阴）不妨在交际上稍注意，多认识几个人。

我实在睡床睡怕了，起来闷坐，亦殊苦，所以和你闲谈几句。但仍不宜多写，就此暂止罢。

爹爹 十月十七日

徽音的信，我懒得回他了。你去信最要紧叫他到上海时电告船期，塘沽登岸无人接甚是不妥。

*欧洲之行剑桥游历时，林长民致信爱女林徽因。

附：林徽因父亲写给爱女的信

＜一九二〇年＞

徽女爱览：

桐湖之游，已五昼夜。希提芬更(Hilterfingen)一小村落，清幽绝俗，吾已欲仙。去年游湖，想汝所记忆者，亭榭傍水，垂柳压檐，扁舟摇漾，烟霭深碧。而我今日所居，其景物又别。楼高不如 Axen stien 而收览全湖，若披长卷。楼两层次，有径通出湖岸，径植诸卉，杂以松杉，若蕉若萱，若菖蒲，热带植物香馥，长袭衣袖，此则欧土所罕见者。玫瑰蝶堇则遍地矣。茶室临水，吾儿所能想象，楼窗正对聂生山，山顶积雪无多，然夕阳暄染，暮云映带，有时亦作玛瑙、苍玉，颜色极其变灭，能事远峰，若 sungbran，若 manch，皆四千米突以上，其雪色晶莹，朝暾晚霞，随时粉黛燕□，穷极艳冶，非吾所能殚述。

湖静悄类宫苑，池塘泛舟，一二时间至，不逢一来棹，前记所谓若吾所私有者是也。施舍住客不过数人，皆白头老妪，无一能操英语。女佣二三，饭后游戏，隔林闻语，但解也也。自朝至暮，吾唇吻，除饮啖外，竟未曾动。然供备如例，无待使令，惟晚凉唤船，需人相助，居亭有女，略晓吾意，能为我解缆系缆耳。我荡桨已渐娴，此技大足与汝一竞。希提芬更在桐湖西北岸，距桐镇四启罗米突，吾亦偶尔往来其间，凡去年涉足处，皆已一一重访，此等游览，无足动我感念。但人生踪迹，或一过不再来，或无端而数至，尽属偶然，思之亦良有意味。吾与此湖此山既生爱恋，深祝偶然之事能再续此缘。晨起推窗湖光满目，吾双睛如浸入琉璃。书此相示，禽声宛转，通晓未歇，似催我赶付早邮也。

父字

*金岳霖与费正清夫妇的交往书信中，处处提及林徽因及其家人。

附：费正清夫妇致金岳霖

＜一九三六年四月＞

……四月里有一个快乐的间歇，美国建筑学家和城市规划学家克拉伦斯·斯坦因及其迷人的夫人著名女演员爱琳娜·麦克马洪来到了北京。思成出差到上海去摘展览，徽因就陪他们到颐和园去并在后山赏花。老金一起去了，他给我们写信叙述了他的观感：“他们在某种程度上是非常出色的。尽管我和他们交谈甚少，但我看得出他们身上吸引人的品质。尤其是斯坦因先生。他是一个十分敏感、沉默寡言、而又非常谦虚的人，几乎总是对他眼前遇到的事情保持一种心不在焉的兴趣。一个星期以前我们去颐和园，当我们到了谐趣园时，看见池塘周围有亭子和走廊，斯坦因先生好像正从虚无缥缈中冉冉升起，眼睛发亮，又惊又喜地嗫嚅着：‘哦，哦，哦……多好的水上建筑。’看见现实真是好，我就再也不想仅仅为了进行有礼貌的、老一套的谈话而把他从沉思默想中拉出来。……”

（注：原文载于——费慰梅《梁思成与林徽因》第 14 章）

附：金岳霖致信费正清夫妇

<一九三八年三月>

……要是你们在这里，你们会看到在陌生的环境中的一些熟悉的面孔。他们中的有些人身上穿的只有一套西装或一件长袍，箱子里叠的就什么也没有了。另外一些人则能够找到一所合住的房子。张奚若一家比我先来。中研院图书馆也快迁来了。梁思永和李济几天内就能到达，赵元任已经来好几天了。我想这里像在长沙一样，将会有某种微型的北京生活，只是它在物质上是匮乏的。可能天气是例外。太阳非常明媚，正像徽因昨天对我说的，有些地方很像意大利。……

……她（林徽因）仍然是那么迷人、活泼、富于表情和光彩照人——我简直想不出更多的话来形容她。唯一的区别是她不再有很多机会滔滔不绝地讲话和笑，因为在国家目前的情况下实在没有多少可以讲述和欢笑的。……

（注：原文载于——费慰梅《梁思成与林徽因》第 17 章）

*写于昆明，月初，联大的教师和学生陆续开始从长沙来到昆明。金岳霖给费正清夫妇写了一封信，叙述他的最初印象。

*写于四川李庄。

附：金岳霖致信费正清夫妇

< 一九四一年 >

……徽因看上去和一年前一样，依然充满活力，依然侃侃而谈，还是那样执着于寻找艺术灵感，继续为人性忧虑的同时挥洒着她的博爱。她无时不在的思想活动让她无法安于病榻，不时地就会像是又在发表演说，一会儿是佛像，一会儿是希腊风格，一会儿又回到她的家庭成员身上……思成还是老样子，干着修修补补的杂事，他的建筑史学家的职责已无从履行。烤面包、修炉灶、运煤块，做着各种家务，我看如果瞬间把思成扔到美国，即便是无依无靠，他光凭自食其力也能过得非常不错。……

同时，梁思成在给费正清夫妇的信上说：

“很难给你描述，同时你也很难想象我们眼前的生活：菜油灯下，缝制孩子们穿的布底鞋，买一些粗米杂粮糊口。过着像我们父辈年轻时的生活，但做着现代工作。”

（注：原文载于——CCTV 纪录片《梁思成林徽因》第五集）

附：金岳霖致信费正清夫妇

＜一九四一年＞

……徽因已是全身心地浸泡在汉朝里了，无论你和她谈及任何事情，她都会情不自禁地跳回那个遥远的年代中去，而且单靠她自己怕是很难回到我们眼前的世界里来。曾经从不怀疑自身魅力的我们，现在得要想办法引起她的注意，而且非常可怕的是，我们发现，我们是在和她心目中那个遥远年代里的绅士和淑女较量。我们只能希望，当她的灵魂偶尔飘荡回二十世纪的时候，能给我们带回一些惊人消息。……

（注：原文载于——CCTV 纪录片《梁思成林徽因》第五集）

*写于四川李庄。

附：金岳霖回信费正清

<一九四三年六月>

……我认为，相对于调整人际关系的困难来说，住房问题就是小事一桩。最难适应的是（林徽因的）妈妈。她属于完全不同的一代人，却又生活在一个比较现代的家庭中，她在这个家庭中主意很多，也有些能量，可是完全没有正经事可做，她做的只是偶尔落到她手中的事。她本人因为非常非常寂寞，迫切需要与人交流，她唯一能够与之交流的人就是徽因，但徽因由于全然不了解她的一般观念和感受，几乎不能和她交流。其结果是她和自己的女儿之间除了争吵以外别无接触。她们彼此相爱，但又相互不喜欢。我曾经多次建议她们分开，但从未被接受，现在要分开已不大可能。……

（注：原文载于——费慰梅《梁思成与林徽因》第 18 章）

*写于昆明。梁家越来越严重的困境使费正清只得写信给在昆明的金岳霖问计。金岳霖回信一开头就说『别为梁家的事烦心』，接着就叙述了他对他们面临的问题的看法。

附：梁思成致信费正清夫妇

＜一九四一年＞

……徽因病倒了，一直卧床，到现在已有三个月。三月十四日（一九四一年），她的小弟弟林恒，就是我们在北总布胡同时叫三爷的那个孩子，在成都上空的一次空战中牺牲了。我只好到成都去给他料理后事，直到四月十四日才到家。我发现徽因的病比她在信里告诉我的要厉害得多。尽管是在病中，她勇敢地面对了这一悲惨的消息。……

在给费正清的同一个信封里有徽因的一个字条：

我的小弟弟，他是一个出色的飞行员，在一次空战中，在击落一架日寇飞机以后，可怜的孩子，自己也被击中头部而坠落牺牲。

*梁思成致信费正清，谈到（林徽因）三弟林恒阵亡的情景。

附：梁思成致信费正清夫妇

< 一九四一年 >

*写于四川李庄。

……慰梅，欣闻你的《武梁祠》论文获得艺术和学术上的成功。适逢我们近期在四川探究汉代墓穴，四川的汉墓、悬棺不仅数量众多且分布广泛。……

……徽因对你做的将汉墓拓片复原工作极有兴趣，你可能不知道，她已经深陷汉代不能自拔。而且和各类汉代人物私交甚笃，什么汉代皇帝、皇后、文武百官，他们的好恶，她讲来头头是道，好像在说自己的邻居一般！更有甚者，她能把他们各自的习俗、穿着服装、用具、性情联系起来。假如她持续如此研究下去，她会成为当代一位博学的年轻女汉学家。……

林徽因致信费正清夫妇或费慰梅

< 一九三九年 >

*写于云南昆明。

最最亲爱的慰梅、正清：

我恨不能有一支庞大的秘书队伍，

用她们打字机的猛烈敲击声去盖过刺耳的空袭警报，

过去一周以来这已成为每日袭来的交响乐。

别担心，慰梅，

凡事我们总要表现得尽量平静。

每次空袭后，

我们总会像专家一样略作评论，

“这个炸弹很一般嘛”。

之后我们通常会变得异常活跃，

好像要把刚刚浪费的时间夺回来。

你大概能想象到过去一年我的生活大体内容，

日子完全变了模样。

我的体重一直在减，

作为补偿，我的脾气一直在长，

生活无所不能。

林徽因致信费正清夫妇

＜一九四七年＞

*写于北平。

怎么说呢，

我觉得虚弱、伤感、极度无聊——

有时当绝望的情绪铺天盖地而来时，

我干脆什么也不想，

像一只蜷缩在一堆干草下面的湿淋淋的母鸡，

被绝望吞噬，

或者像任何一只遍体鳞伤、无家可归的可怜动物。

我不是要哭诉，

只是无法正视所有那些曾经有过的

满载欢歌的野外考察和旅行

已经随风而去，

远离我们任何一个人……

林徽因致信费正清夫妇

<一九四七年>

亲爱的，

雨，淅淅沥沥地下了一个晚上，

在我的窗户纸上留下一道道水痕……

雨声，把我带到不久前的另一个雨夜，

山西峪道河的夏天，

那条沿着汾河流淌的小溪边。

我睡在我们的夏日行宫——

一个小小的石头磨房中。

耳边依然回响着山涧涌动的泉水，

还有清风拂过，

在浓密的杨树梢头流淌着的回音……

林徽因与费正清夫妇的通信，在一九四八年的十二月北平解放前夕突然结束，最后一封信写道：

“……或许和美国间只有一到两个月的自由通信时间了……”

*写于北平。

林徽因致李济之夫妇

＜一九四五年九月＞

*写于四川李庄，当时林徽因好友费慰梅到李庄正好赶上一九四五年的中秋节。

济之先生、李太太：

昨晚你们走后忽然想起（一九四五年九月）廿日是中秋节，晚上你们有老人也许要家宴，有外客实在不便。我们这里已经有了一个外客且为她已备几菜晚饭，加入一人倒无所谓。有了费太太，熟人在一起，为此外人计，他也可以不拘束一点。所以想当晚就请那位捷因先生过来同我们过节。晚上再派人用火把把他送回，在那一段吃饭时间内，也给你们以喘气机会。

珠罗小帐已补好，洗好（老妈病了，自己动手）今晚即可送来。如何请决定，一切我们都可以配合起来，省得大家有何过分不便及困难。

匆匆

徽因敬上

为中秋吃饭的一点小事，林徽因不吝笔墨，再送一信：

李太太：

请您千万不要客气，告诉我一下老太爷是不是希望中秋节有个家宴，多个外人与你们不便？我们这边的确无问题。老妈虽病，做菜请客事素来可以找学社工友，与老妈无关。（如果客人在此住，则早饭方面因我不能跑厨房，自己房间又得先收拾出客人才有坐处，则必狼狈不堪，招架不来，我说实话。）现在客人住你们那里，我希望能够把他请来吃晚饭，让你们家人吃团圆饭，方便清静许多。真希望你们不要客气同我直说，我们可以分配对付这毛子，不要害得你们中秋节弄得不合适。

我这边人极少且已有费太太，费又同捷因很熟，故在一起过节连老太太、莫宗江等才八个人，可以完全合适毫无不便之处。至于找思成及费太太过去吃晚饭事，如果不是中秋我想我一定替他们答应下来。因为是中秋，而思成同我两人已多年中秋不在一起，这次颇想在家里吃晚饭，所以已做了四五个菜等他。不要笑我们。

如果客人在此吃饭，与你们的过节，方便两边都极妥当。饭后思成可送他回去，一路赏月，且可到江边看看热闹，陪同济之先生一起招呼这洋人也。

请千万千万不要客气，随便决定。因为我们这边菜饭是一样准备了。帐子如果真的有，我就不送过来，但请千万不要客气，昨天我只补了几个洞，小姐帮着洗出，毫不费力，只因未大干故未送来。

对不起，我信送得太晚，济之先生已上山，两下不接头，但一切等济之先生决定，反正不影响任何事情。

徽因敬复即

附：费正清致林徽因

< 一九四七年 >

亲爱的徽：

这不是那封去年开始我就承诺要给你写的信。它早已不断长长，从 76 页到后来可能长到 176 页，邮局的人听说后警告我他们不会邮递如此复杂冗长的信件。邮递员说，你以为你的信要寄到中国，信就要有到中国的邮路那么长啊？

结果我只能晓之以理了，我说先生，北京到这儿有 10000 英里，我这封信要写的内容跨越 15 个年头，这期间地球每日自转的距离有 24000 英里，还不要说它绕太阳的公转距离。要涵盖如此巨大之时空，这封信得有些与众不同吧。据哈佛大学最新发明的电子计算机系统计算结果，这封信的内容需要承载 473 万亿光年的信息，如果还要包括梁思成先生、费慰梅女士、金岳霖教授，还有老费我，我们每个人各自的运行轴线，还有他们各自相互之间的轮转。……如此说来，我对邮递员说，这点长度算不了什么。

*费慰梅致母亲，提及林徽因。

附：费慰梅致母亲

＜一九四五年＞

……思成和徽因都在这儿，这是过去五年来徽因第一次离开李庄。她走进我们在重庆的房间时，气喘吁吁地感慨道：“真像走进了杂志中。”因为过去几年中只有在杂志里，她才见过壁炉和带灯罩的灯……一切一切让她感到极度的新鲜刺激，她目不暇接地盯着眼前出现的各种新式服装、书籍、绘画……盯着在她看来如此变幻莫测的城市重庆。可是这一切并不意味着她的健康状况有所好转。这里最有名的胸科医生替她做了检查，医生告诉我她的双肺和肾脏均已感染，生命留给她的时间或许只有几年，最多五年。在她短暂而灵动的生命即将走到终点时，她依然活力四射地拥抱生活的每一个赐予，直到走向生命的尽头……

出版说明

在本书的编辑过程中，对于所选的原文中一些并不符合当下汉语使用习惯和规范的用字、标点符号等未做改动，旨在尽量保留作品的原貌。但对于某些明显的文字和逻辑悖谬，做了必要的修改。另有个别文字删节，恳请谅解。

本书收录文章的原著作权基本完成，因各种原因个别作者未能联系到，请著作权人见书与北京磨铁图书有限公司联系，敬奉样书及稿酬。